HOLT 2 SPANISH

¡Ven conmigo!®

Cuaderno de actividades

Teacher's Edition
with Overprinted Answers

HOLT, RINEHART AND WINSTON

A Harcourt Classroom Education Company

Austin • New York • Orlando • Atlanta • San Francisco • Boston • Dallas • Toronto • London

Contributing Writers:

Jean Miller
Catherine Dallas Purdy

Cover Photo Credits
Group of students: Marty Granger/HRW Photo; backpack/books: Sam Dudgeon/HRW Photo

Photography Credits
All Photos belong to Holt, Rinehart and Winston, by Marty Granger/Edge Productions except: Page 35 (cr), Comstock; 77 (all), Michelle Bridwell/Frontera Fotos; 102 (all), Michelle Bridwell/Frontera Fotos.

Printed in the United States of America

ISBN 0-03-064987-0

2 3 4 5 6 7 054 03

Contents

To the Teacher

Contextualized practice is one of the most important steps in achieving language proficiency. The *Cuaderno de actividades* is filled with opportunities for students to practice newly learned functions, grammar, and vocabulary in real-life contexts. The variety of formats makes the activities appealing and ensures that students will be able to use their new language skills in a wide range of situations.

Each chapter of the *Cuaderno de actividades* provides the following types of practice:

De antemano
Brief recognition-based activities reinforce newly introduced concepts.

Primer, segundo, and tercer pasos
Within each **paso**, functional expressions, grammar, and vocabulary are practiced, both individually, within the context of previously learned material, and in contexts that incorporate all of the material from the **paso**. These include structured practice and transitional, guided practice, as well as more creative, open-ended work.

Vamos a leer
Additional reading selections and comprehension activities provide students more practice with the vocabulary and functions taught in the chapter.

Panorama cultural
This section offers several opportunities for students to reinforce and apply the newly acquired cultural information from the chapter.

En mi cuaderno
Additional journal activities on pages 145–156 give students the opportunity to apply the writing strategies they've learned in relevant, personalized contexts.

Answers to all activities are included in the *Cuaderno de actividades, Teacher's Edition.* Annotations in the *Annotated Teacher's Edition* correlate activities in the *Cuaderno de actividades* with material presented in the *Pupil's Edition.*

CAPÍTULO 1

Nombre ______________ Clase ______________ Fecha ______________

Mis amigos y yo

DE ANTEMANO

1 After Maribel shows her video to her new American friends, they have questions about her life in Sevilla. Match each question to its answer.

__f.__ 1. ¿Cómo se llama tu mejor amiga?

__e.__ 2. ¿Todos tus amigos son de Sevilla?

__a.__ 3. ¿Qué haces con tus amigos en tus ratos libres?

__c.__ 4. ¿Cómo es Sevilla?

__b.__ 5. ¿Por qué te gusta el parque?

__d.__ 6. ¿Cuántos años tienes?

a. Hacemos muchas cosas juntos...salimos a bailar, vamos al cine, hacemos excursiones. Siempre lo pasamos muy bien.
b. Me gusta porque es muy grande y hay muchas cosas que hacer allí... por ejemplo, caminar, patinar sobre ruedas, tomar un helado, descansar...
c. Es preciosa. Es una ciudad con muchísima cultura e historia. ¡Es la ciudad más bonita de toda España!
d. Tengo 15 años. Voy a cumplir 16 en octubre.
e. Sí, casi todos. Tengo un amigo que es de Madrid y una amiga que es de Valencia.
f. Se llama Verónica.

2 In the **fotonovela**, Maribel decides to make a video to show to her new American family and friends. She also writes a letter to her American host sister. Imagine that you are going to study in a Spanish-speaking country. Can you complete the following letter about yourself for your new classmates? If you need to, refer to Maribel's letter on page 8 of your textbook as a model.

Answers will vary.

Queridos amigos,

¡Saludos! Me llamo ______________. Soy de ______________. Tengo ______________. Me gusta ______________ ______________ y ______________.

No me gusta ______________. Mi mejor amiga se llama ______________. Ella es ______________ y ______________. Y yo soy ______________ y ______________. Nosotras ______________ y ______________ juntas todos los fines de semana. ¿Y ustedes? ¿Cómo ______________ ustedes y qué ______________ gusta hacer?

Saludos,

____

Nombre ______________________ Clase ______________ Fecha ______________

PRIMER PASO

3 Look at the drawing below and describe each person or group of people using the verb **ser**.

COLEGIO SAN ISIDRO
Martín y Esteban
Elena
Danielito
Lupe
José Luis
Sra. Dávila
Alonso

Answers will vary.

MODELO La profesora Villalobos.
La profesora Villalobos es alta. Es inteligente y trabajadora.

1. Martín y Esteban ______________________
2. Elena ______________________
3. Danielito ______________________
4. José Luis ______________________
5. La señora Dávila ______________________
6. Lupe ______________________
7. Alonso ______________________

4 If you decide to go abroad to study, as Maribel does in the **fotonovela**, one thing you'll need is a passport. Can you fill out the passport application below?

Nombre: Answers will vary. ______ **Edad:** ______

Fecha de nacimiento: ______ **Nacionalidad:** ______

Dirección: ______ **Teléfono:** ______

Color de Ojos: ______ **Color de Pelo:** ______ **Estatura:** ______

Profesión: ______ **Firma:** ______

5 Use the words you have learned for nationalities in your textbook to solve the word puzzle. If you solve it correctly, you will find a hidden message in the enclosed vertical box. Hint: You might need to look at the maps in the front of your textbook to review Spanish-speaking countries and capitals! **You may want to point out that the accents are missing from the hidden question.**

1. El señor Pacheco es de Tegucigalpa. Él es ___.
2. Mi amiga Alejandra vive con su familia en Guatemala. Todos son ___.
3. Alguien de San Salvador es ___.
4. Tengo un amigo ___ que vive en Caracas, la capital.
5. Carlos es ___. Vive ahora en Panamá, su país de origen.
6. Bernardo y sus hermanos son de Miami, Florida. Son ___.
7. Una persona de Buenos Aires es ___.
8. Las personas de Santiago de Chile son ___.
9. Lidia es ___. Toda su familia vive en Quito.
10. Armando es ___. Vive en Lima, la capital.
11. El próximo año, voy a Managua para visitar a mis amigos ___.

¿

1. H O N **D** U R E Ñ O
2. G U A T **E** M A L T E C O S
3. S A L V A **D** O R E Ñ O
4. V E N E Z **O** L A N O
5. P A **N** A M E Ñ O
6. E S T A **D** O U N I D E N S E S
7. A R G **E** N T I N A
8. C H I L **E** N A S
9. E C U A T O **R** I A N A
10. P **E** R U A N O
11. N I C A R A G Ü E N **S** E S

?

6 Describe each of the people or things below. Try to use a different set of adjectives in each description.

MODELO Yo
Yo soy baja, optimista y trabajadora.

1. Mi mejor amigo/a **Answers will vary.**
2. Mis padres ______
3. Mis amigos y yo ______
4. Nuestro perro/gato ______
5. Mi colegio ______
6. El/La profesor/a de español ______
7. Mi cuarto ______

7 It's the first week of classes, and everyone is still sorting out new names and faces. Help your friend Rogelio by telling him where everyone is from. Use the cues in parentheses and follow the models.

MODELO
Rogelio Tomás es de México, ¿no? (sí)
Tú **Sí, es mexicano.**
Rogelio Yolanda y Miguel son de Honduras, ¿verdad? (no, de Panamá)
Tú **No, no son hondureños. Son panameños.**

1. Alicia es de Uruguay, ¿no? (sí)
Sí, es uruguaya.
2. Pilar y Sarita son de España, ¿verdad que sí? (sí)
Sí, son españolas.
3. Xavier es de Colombia, ¿no? (no, de Venezuela)
No, no es colombiano. Es venezolano.
4. Marta y Cristina son de Bolivia, ¿verdad? (sí)
Sí, son bolivianas.
5. Luisa es de Nicaragua, ¿no? (no, de Costa Rica)
No, no es nicaragüense. Es costarricense.
6. La nueva profesora es de Guatemala, ¿verdad? (no, de El Salvador)
No, no es guatemalteca. Es salvadoreña.
7. Alberto y Jorge son del Ecuador, ¿no? (sí)
Sí, son ecuatorianos.
8. Teresa y Beni son de Puerto Rico, ¿no? (no, de Cuba)
No, no son puertorriqueños. Son cubanos.

SEGUNDO PASO

8 What do these people typically do on Saturdays? Write a sentence explaining where everyone goes and what they do based on the drawings below. **Answers will vary. Possible answers:**

MODELO

Esteban y Mario
Esteban y Mario van al centro. Allí hablan con sus amigos y comen con ellos en un café.

1. 

Norma y Gabriela
Norma y Gabriela van a la playa. Allí escuchan música y leen.

2. 

Andrés, Diego y Maricarmen
Andrés, Diego y Maricarmen van a una fiesta. Allí hablan, bailan y toman refrescos.

3. 

Tú
Tú vas a la librería. Allí compras muchas novelas y revistas de computadoras.

4. 

Pepe y Roberto
Pepe y Roberto van a su casa. Allí ven un video y comen papitas.

5. 
CABALLEROS

Nosotros
Nosotros vamos al centro comercial. Allí compramos ropa para Fernando.

6. 

María y Lourdes
María y Lourdes van a la cancha de tenis. Allí juegan al tenis.

7. 

Yo
Yo voy al río. Allá nado y tomo el sol.

Nombre ______________________ Clase ______________ Fecha ______________

9 Below is Adela Sosa's weekday schedule. Look over the schedule and answer the questions below.

hora	lunes	martes	miércoles	jueves	viernes
7:00	ir al colegio	ir al colegio	ir al colegio	ir al colegio	ir al colegio
8:00					
9:00					
10:00					
11:00	clases	clases	clases	clases	clases
12:00					
1:00					
2:00	almuerzo	almuerzo	almuerzo	almuerzo	almuerzo
3:00	descanso	clase de	hacer	clase de	descanso
4:00	clase de	natación	deberes	natación	clase de
5:00	inglés	gimnasia		gimnasia	inglés
6:00	ir a casa	ir a casa	gimnasia	ir a casa	ir a casa
7:00	merienda	merienda	merienda	merienda	merienda
8:00	hacer	hacer	salir con	hacer	salir con
9:00	deberes	deberes	amigos	deberes	amigos
10:00			ir a casa		ir a casa

1. ¿Qué hace Adela de lunes a viernes, a las 7 de la mañana?
   Va al colegio. Tiene clases todos los días.

2. ¿Qué deportes practica Adela, y cuándo los practica?
   Ella practica la gimnasia y la natación. Tiene clases de natación los martes y los jueves a las 3:00 de la tarde. Tiene gimnasia los martes y los jueves a las 5:00 de la tarde y los miércoles a las 6:00 de la tarde.

3. ¿Cuándo tiene Adela su clase de inglés?
   Tiene clase de inglés los lunes y los viernes, a las 4:00 de la tarde.

4. ¿Adela hace los deberes todos los días? ¿Cuándo los hace?
   No. Hace los deberes los lunes, martes y jueves a las 8:00 de la noche, y los miércoles a las 3:00 de la tarde. No hace los deberes los viernes.

5. ¿Cuándo sale Adela con sus amigos?
   Sale con sus amigos los miércoles y los viernes a las 8:00.

6. ¿A qué hora está Adela en casa los viernes por la noche?
   Adela está en casa a las 10:00 de la noche.

10 Imagine that you are in the following situations. Write one or two sentences explaining what you will do in each situation, using **ir** + **a** + a verb in the infinitive.

MODELO Estás en tu restaurante favorito.
Voy a pedir mi plato favorito, la lasagna. Y de postre voy a pedir helado.

Answers will vary. Possible answers:

1. Mañana es el cumpleaños de tu mejor amigo/a.
   Voy a ir a la tienda de discos. Voy a comprar un disco compacto para él/ella.
2. Tienes mucha tarea esta noche, pero hay un programa de televisión excelente a las 8:00.
   Voy a hacer la tarea por la tarde y después voy a ver el programa.
3. Estás en la clase de español y no puedes encontrar la tarea para hoy.
   Voy a hablar con el profesor/la profesora.
4. El estudiante nuevo o la estudiante nueva te invita a salir. Él/ella es muy simpático/a y guapo/a.
   Voy a salir con él/ella. Vamos a ir al cine para ver una película de terror.
5. Esta noche te toca *(it's your turn)* lavar los platos, pero necesitas estudiar para un examen.
   Voy a hablar con mi hermano. Esta noche, él va a lavar los platos.
6. Quieres comprar una bicicleta nueva, pero no tienes mucho dinero.
   Voy a buscar un trabajo.
7. Es el primer día de vacaciones.
   Voy a salir con mis amigos. Vamos a ir a una fiesta.

11 Imagine that you are an exchange student studying in a Spanish-speaking country. Write a paragraph explaining what you are going to do during your semester abroad. Using what you learned last year about different Spanish-speaking countries, mention where you will live, what you will study, what you will do in your free time, and what places you will visit.

MODELO **Este año, voy a vivir en Buenos Aires, la capital de la Argentina. Voy a estudiar ...**

Answers will vary.

TERCER PASO

12 Maribel has only been in the U.S. for a few weeks, but she's already thinking about what to send to family and friends back in Spain. Complete her description of possible gifts for everyone with the correct indirect-object pronoun and the correct form of the verb gustar.

A ver...necesito comprar algo para todos. A papá le voy a comprar un libro de fotos de Washington, la capital. A él (1.) **le** (2.) **gusta** *la historia. ¿Y para mamá? Mmm...a mamá* (3.) **le** (4.) **gusta** *cocinar mucho. Creo que le voy a regalar un libro de cocina norteamericana. A Verónica y a Pablo les compro unas camisetas, porque a los dos* (5.) **les** (6.) **gusta** *la ropa informal. Ahora, ¿qué le compro a Enrique? Tal vez un video. A Enrique* (7.) **le** (8.) **gustan** *mucho las películas norteamericanas. Y voy a comprar unos discos compactos de George Strait y Le-Ann Rimes para mí, porque* (9.) **me** (10.) **gusta** *la música "country". ¿Es todo?*

13 How would you...

1. ... ask Sergio if he likes biology?
   Sergio, ¿te gusta la biología?
2. ... tell someone you don't like history?
   No me gusta la historia.
3. ... say that you and your friends like all your classes?
   A mis amigos y a mí nos gustan todas nuestras clases.
4. ... tell your teacher that you and your friends can't stand the food in the cafeteria?
   Nos choca la comida de la cafetería.
5. ... ask your friends if they like pizza and tacos?
   ¿Les gustan la pizza y los tacos?
6. ... say that Tomás really loves tacos?
   A Tomás le encantan los tacos.
7. ... tell someone that you like biology class, but you can't stand Phys Ed class?
   A mí me gusta la clase de biología, pero me choca la clase de educación física.

14 Imagine that you're traveling in a foreign country and need to go shopping for gifts for everyone back home. Imagine that money is no object, and write what you are going to buy for six people back home. Then, using expressions with **gustar** or **encantar**, explain why those gifts are good choices.

MODELO mi hermana Catalina
Voy a comprar un abrigo para Catalina porque a ella le encanta la ropa.

1. **Answers will vary.**
2. ______________________
3. ______________________
4. ______________________
5. ______________________
6. ______________________

15 Your friend Lorenzo just introduced you to a new student, and you are trying to find out what the two of you have in common. Write a dialogue between you and your new acquaintance in which you ask him or her about likes and dislikes. Cover four topics, and include the new student's answers to your questions.

Answers will vary.

16 Next semester you will be studying at a Spanish-language institute in Quito, Ecuador and living with an Ecuadorean host family. In order to make sure that you and your family are compatible, the institute wants to know more about you. Write a paragraph in which you describe yourself and your family. Mention some activities you and your family typically do together, and list three or four things or activities you especially like or don't like.

Answers will vary.

Nombre ______________ Clase ______________ Fecha ______________

VAMOS A LEER

17 This year Maribel is going to live with an American family while she studies English. With the help of her Spanish teacher, Maribel's host sister Emily writes her a letter. Read the letter, then answer the questions.

20 de agosto.
Querida Maribel,

Te quiero decir que estoy muy feliz porque sé que vas a vivir con nosotros este año. Quiero hablar de mi vida en el colegio, mis pasatiempos y mis intereses.

Nuestro colegio se llama Valley View High School. Es un colegio nuevo, moderno y muy bonito. Hay 4 grados y unos 300 estudiantes. Este año estoy en el 10° grado y me gustan mucho mis clases. Me encanta la clase de biología porque la profesora es muy interesante y yo quiero ser veterinaria. La clase de historia me choca porque tengo mucha tarea y siempre tengo muchos exámenes.

Después de clases, tengo muchos pasatiempos. Este año, estoy participando en muchas actividades. Juego al tenis con el equipo de mi colegio, y también tomo cursos de karate. Me gustan casi todos los deportes pero mi favorito es el tenis. También toco el piano, pero no me gusta mucho. Creo que practicar el piano es aburrido. Yo prefiero jugar con mi perro y mi pájaro.

Tengo un perro negro, gordo y cómico. Se llama Bixbi y es un perro muy fiel. También tengo un pájaro amarillo y verde que se llama Tweetie. ¡Es muy inteligente!
¿Y yo? Pues, yo soy una chica optimista, extrovertida y romántica. Tengo el pelo negro y rizado, ojos azules y mido exactamente 5 pies.

Espero que tengas un buen viaje. Sé que te va a encantar la escuela y que vamos a ser buenas amigas.

Un abrazo de tu amiga,
Emily

1. ¿Cómo se llama el colegio de Emily? ¿Cómo es?
   Se llama Valley View High School. Es nuevo y moderno.

2. ¿Cuántos años tiene Emily, probablemente?
   Probablemente tiene 15 o 16 años.

3. ¿Qué clase le gusta mucho? ¿Cómo es esa clase?
   Le encanta la clase de biología porque es interesante.

4. ¿Qué clase no le gusta para nada? ¿Por qué?
   Le choca la clase de historia porque tiene mucha tarea y muchos exámenes.

5. ¿Qué hace Emily después de clases?
   Ella hace muchas cosas. Juega al tenis, toma un curso de karate, y toca el piano.

Nombre ______________________ Clase ____________ Fecha ____________

CULTURA

18 The sense of regional identity is very noticeable in Spain. Below are some terms used to describe people from different areas of Spain. Can you match each adjective describing origin to the Spanish region or city it corresponds to?

c.	1. gallego	g.	6. manchego
f.	2. andaluz	i.	7. extremeño
e.	3. catalán	d.	8. madrileño
a.	4. vasco	b.	9. gaditano
h.	5. barcelonés		

a. Alguien (Una persona) del País Vasco
b. Alguien de la ciudad de Cádiz
c. Alguien de Galicia
d. Alguien de la ciudad de Madrid
e. Alguien de Cataluña
f. Alguien de Andalucía
g. Alguien de La Mancha
h. Alguien de la ciudad de Barcelona
i. Alguien de Extremadura

19 In the **Panorama cultural** on p. 19, you read what three teenagers had to say about friendship. How does this concept of friendship compare with yours? In Spanish, describe your best friend. Describe his/her personality, what you two do together, and explain why this person is your best friend.

Answers will vary.

20 a. Compare the typical student lunch schedule in the U.S. to that of a Spanish high-school student. What are the advantages and disadvantages of both schedules?

Answers will vary; students might point out that the student who goes home to lunch probably has better food, and can also have a break in the middle of the day; they might also point out that U.S. students are through with school earlier in the day than their Spanish-speaking counterparts.

b. The typical lunch schedule in a U.S. high school, with students given between 30 and 40 minutes to eat, usually in the school cafeteria, is unheard of in Spanish-speaking countries. Yet the idea of rushing through a cafeteria lunch from 11:19 to 12:03 seems perfectly normal to us in this country. What do the differences between lunch schedules tell you about the relative importance of food in the respective cultures? What do they tell you about the way each of the cultures views time? Why do you think the schedules are so different?

Answers will vary; students might consider that a longer lunch hour reflects the fact that Spanish-speaking culture generally places a greater emphasis on the preparation and consumption of food and on spending time with families than the U.S.

CAPÍTULO 2

Nombre ______________________ Clase ______________ Fecha ______________

Un viaje al extranjero

DE ANTEMANO

1 Below is Maribel's list for her trip to the U.S. Look over the list, then respond to each of the following statements with **cierto** or **falso**.

radiocassette	zapatos negros y marrones
cintas de música	raqueta de tenis
pasaporte	cepillo y pasta de dientes
billete de avión	toalla
cheques de viajero	colonia
vaqueros	peine
jerseys	barra labios y cosmética
calcetines	guantes de invierno
bañador	neceser
camisetas	libros
blusas	
ir al banco	
llamar a tía Luisa	

___cierto___ 1. Maribel quiere llevar sus cintas de música a los Estados Unidos.

___falso___ 2. Ya hizo su maleta con toda la ropa que va a llevar.

___falso___ 3. No va a llevar un bañador porque hace mucho frío en Chicago.

___falso___ 4. No puede llevar su raqueta de tenis porque es demasiado grande.

___cierto___ 5. Quiere llevar mucha ropa informal.

___falso___ 6. Necesita la ayuda de Verónica para decidir qué libros va a llevar.

2 Imagine that you are going on a trip to the place you've always wanted to go. In Spanish, make a list to get ready. Include three places you need to go, three things you need to do, and three things you want to take with you. Circle the things on your list that a friend might help you do.

Necesito ir a...	Quiero llevar...	Necesito...
Answers will vary.	**Answers will vary.**	**Answers will vary.**

Nombre ______________________ Clase ____________ Fecha ____________

PRIMER PASO

3 Recalling what you learned last year about some of the differences between the verbs **ser** and **estar**, complete each sentence below with the correct form of **ser** or **estar**.

1. Carolina **está** nerviosa porque mañana hay un examen en la clase de biología.
2. Este programa de televisión **es** tan aburrido. No me gusta para nada.
3. Yo **estoy** muy cansado hoy. Creo que voy a tomar una siesta.
4. Niños, si ustedes **están** aburridos, ¿por qué no van a jugar al parque?
5. Lupe, ¿por qué **estás** tan deprimida? ¿Qué te pasa?
6. No quiero ver la nueva película española porque **es** muy triste.
7. Nosotros **estamos** muy emocionados porque las vacaciones comienzan mañana.
8. Mi lugar favorito es el parque al lado de mi casa porque **es** muy tranquilo y bonito.

4 Use the clues below to fill in the blanks to the left with the correct word from p. 40 of your textbook. Once you have filled in all the correct words you will discover a hidden question.
You may want to point out that the accents are missing from the hidden question.

				¿								
1.			o	c	u	p	a	d	o/a			
2.	p	r	e	o	c	u	p	a	d	a		
3.			e	m	o	c	i	o	n	a	d	o/a
4.	h	u	m	o	r							
5.				e	n	f	e	r	m	o/a		
6.	c	a	n	s	a	d	a					
7.				t	r	a	n	q	u	i	l	o
8.				a	b	u	r	r	i	d	o/a	
9.	t	r	i	s	t	e						
				?								

1. Cuando tienes muchísimas cosas que hacer, estás ______.
2. Cuando una persona está nerviosa por un examen, está ______.
3. La emoción que sientes cuando estás feliz y nervioso/a a la vez *(at the same time)*. ______
4. Cuando alguien está enfadado, está de mal ______.
5. Cuando tienes fiebre y gripe, estás muy ______.
6. Una persona que trabaja mucho y descansa poco probablemente está ______.
7. Lo opuesto de *(the opposite of)* nervioso es ______.
8. Cuando no tienes nada que hacer y no tienes ganas de hacer nada, estás ______.
9. Lo opuesto de feliz es ______.

Nombre ______________________ Clase ______________ Fecha ______________

5 The Outdoors Club at your school is trying to plan its next trip. The problem is that everyone has a different suggestion about where to go. Can you match each suggestion to its response?

¿Qué tal si vamos al lago? Podemos acampar y dar una caminata por el bosque.

__c__ 1. Margarita

Pues, yo creo que eso es muy peligroso. No debemos explorar cuevas sin un guía experto.

a. Pablo

¿Por qué no hacemos una excursión a las montañas? Allí podemos hacer caminatas y escalar montañas.

__e__ 2. Carlos

Pero no saben nadar ni Enrique ni Alicia. No pueden ir en canoa.

b. Brígida

Hay unas cuevas muy interesantes cerca de aquí. Podemos ir allí para explorarlas. ¡Creo que las cuevas son muy misteriosas!

__a__ 3. Miguel

Me parece que siempre vamos al lago. Es aburrido. Me gustaría ir a algún lugar nuevo.

c. Francisco

¿Por qué no pasamos el fin de semana en el río? Podemos bajar el río en canoa e ir de pesca. ¿Qué dices?

__b__ 4. Valerie

¡Buena idea! Y podemos acampar cerca de la playa.

d. Patricia

¿Qué tal si vamos a la playa? Podemos participar en ese programa que pide voluntarios para limpiar las playas de basura.

__d__ 5. Kim

Buena idea, pero las montañas están muy lejos. Creo que debemos ir a algún lugar más cerca.

e. Eduardo

6 Read the following sentences about the people in the Sevilla airport, then describe what you think each person's mood probably is. **Answers will vary.**

MODELO El señor Pacheco tiene que hacer un viaje a Madrid, pero no quiere ir.
El señor Pacheco está de mal humor. (Está enfadado.)

1. Danielito y Anita tienen que esperar tres horas para su vuelo *(flight)*.
Daniel y Anita están aburridos/de mal humor.
2. Patricia trabaja en el centro de información. Hoy tiene muchos problemas.
Patricia está muy ocupada.
3. Yolanda y yo somos novios. Pero Yolanda tiene que regresar a Barcelona hoy para empezar sus clases en la universidad.
Yolanda y yo estamos deprimidos/tristes.
4. A Ricardo le encantan los aviones. Piensa que el aeropuerto es un lugar super-interesante.
Ricardo está feliz/contento/de buen humor.
5. Tú sales hoy para pasar un año en el Ecuador para estudiar la antropología.
Tú estás feliz/emocionado(a).

7 Everyone is in a different mood today. Using the cues, write a sentence explaining how each person feels, and then use your imagination to explain why.

1. La profesora Acuña/cansado
La profesora Acuña se siente/está cansada porque tiene mucho trabajo.
2. Mis amigos y yo/preocupado
Mis amigos y yo nos sentimos/estamos preocupados porque nuestras clases son muy difíciles.
3. Carolina y Esteban/emocionado
Carolina y Esteban se sienten/están emocionados porque van a una fiesta esta noche.
4. Tú/aburrido
Tú estás aburrido/a porque no te gusta la clase de historia.
5. Yo/contento
Yo estoy/me siento contento/a porque es viernes.

8 Now it's your turn to talk about how you feel in different situations. Write one or two sentences explaining how you feel in the following situations, and explain why you feel that way.

1. en la clase de español
Answers will vary.
2. en una fiesta
____
3. durante las vacaciones
____
4. cuando tienes mucha tarea
____

Nombre ____________ Clase ____________ Fecha ____________

SEGUNDO PASO

9 As you saw in the **fotonovela,** Maribel's parents have been helping her get ready for her trip. Look over Mrs. Rojas' daily planner, and then decide if the statements below about what she's done so far for Maribel's trip are **cierto** or **falso.** Hint: Maribel's mother puts an "X" next to things that have already been done.

lunes	martes	miércoles	jueves	viernes
4 llamar a la agencia de viajes; X ir al correo	**5** comprar maleta; X comprar abrigo X	**6** sacar billete; X ir al banco	**7** llamar al aeropuerto; X lavar ropa X	**8** hacer el postre; X organizar la fiesta X

cierto 1. La Sra. Rojas ya compró una maleta nueva para Maribel.

falso 2. Ya fue al banco por unos cheques de viajero.

falso 3. Todavía no llamó al aeropuerto.

cierto 4. Ya compró un abrigo para su hija.

falso 5. Todavía no hizo el postre para la fiesta de despedida.

falso 6. Ya fue al correo.

cierto 7. Ya sacó el billete para el viaje de Maribel.

falso 8. Todavía no llamó a la agencia de viajes.

10 José Luis is getting ready for a trip to Mexico. Ask him if he's already done the things below.

MODELO hablar con el agente de viajes / no
—¿Ya hablaste con el agente de viajes?
—No, todavía no.

1. comprar una cámara nueva / no.
   ¿Ya compraste una cámara nueva? No, todavía no.

2. llamar a tus tíos en Puebla / sí, esta mañana.
   ¿Ya llamaste a tus tíos en Puebla? Sí, los llamé esta mañana.

3. encontrar tu pasaporte / sí, ayer.
   ¿Ya encontraste tu pasaporte? Sí, lo encontré ayer.

4. lavar toda la ropa que necesitas / no.
   ¿Ya lavaste toda la ropa que necesitas? No, todavía no.

5. comprar regalos para tus tíos y primos / sí, anteayer.
   ¿Ya compraste regalos para tus tíos y primos? Sí, los compré anteayer.

Nombre ______________________________ Clase ______________ Fecha ______________

11 Based on the art, write a sentence or two describing where each person or group went yesterday and what they did. Use your imagination! The first answer is filled in for you as a model.

1. 
Mis amigos **Answers will vary. Possible answers:**
Ayer mis amigos fueron al parque y jugaron al fútbol.

2. 
Rubén y Patricia
Ayer Rubén y Patricia fueron a Filadelfia y cantaron en un concierto.

3. 
Yo
Ayer yo fui al correo y le mandé una carta a mi amigo en México.

4. 
Usted
Ayer usted fue a casa de un amigo y estudió para el examen de francés.

5. 
Tú
Ayer tú fuiste al campo y montaste a caballo.

6. 
Mis abuelos
Ayer mis abuelos fueron a un restaurante elegante y celebraron su aniversario de bodas.

7. 
Tú
Ayer tú fuiste a la librería y compraste un libro.

8. 
Gonzalo
Ayer Gonzalo fue a su trabajo y lavó los platos.

9. 
Yo
Yo fui a casa de mi tía y pasé la aspiradora ayer.

10. 
Teresa y yo
Ayer Teresa y yo fuimos a su casa y hablamos de nuestro viaje a Europa.

12 What would you say in each of the following situations? Choose an expression from the **Así se dice** box on p. 46 of your textbook for your answers.

1. A friend needs help with the Spanish homework.
   ¿Te ayudo con la tarea de español?/¿Puedo ayudarte con la tarea de español?
2. A friend is having a party and needs you to do some things.
   ¿Qué quieres que haga para la fiesta?
3. You need help with your algebra homework.
   Por favor, ayúdame con la tarea de álgebra./¿Me puedes ayudar con la tarea de álgebra?
4. Your friend has to clean his or her room before the two of you can go to the movies.
   ¿Te ayudo a limpiar tu cuarto?/¿Puedo ayudarte a limpiar tu cuarto?

13 It's almost time for Maribel's surprise goodbye party, and everyone is in a big rush to get everything ready. Match the questions and requests in the left column with the correct responses on the right.

d 1. ¿Quieres ayudarme a colgar los globos?
a 2. ¿Por qué no ponemos la comida aquí en el comedor?
c 3. ¿Qué quieres que haga, poner la mesa o escoger *(choose)* la música?
e 4. ¿Qué tal si vamos todos a la cocina cuando llegue Maribel?
b 5. ¿Puedes ayudarme a decorar el pastel?

a. Sí, buena idea. Hay tanta comida... no hay lugar para ella en la sala.
b. Me gustaría, pero no soy muy artística. Pero creo que Paco sabe decorar pasteles.
c. Mmm... creo que debes escoger la música. Podemos poner la mesa después.
d. Sí, cómo no. ¿Los ponemos aquí en el pasillo o en la sala? ¿O tal vez en la puerta?
e. No, creo que debemos esperar a Maribel en el pasillo.

14 Complete Maribel's explanation of when everyone wants to go to the U.S. with the correct form of the verbs in parentheses.

Pues, yo (1. querer) **quiero** ir a Chicago durante las vacaciones en diciembre, pero mamá dice que nosotros no (2. poder) **podemos** hacer un viaje en esa fecha porque es época de Navidad. Además, ella no (3. querer) **quiere** visitar a Maribel durante el invierno, porque no le gusta el frío. Los padres de Maribel (4. querer) **quieren** ir pronto, como en octubre o noviembre. El problema es que Miguelín no (5. poder) **puede** ir porque empieza el colegio este año. La abuela de Maribel dice que ella (6. poder) **puede** hacer el viaje en la primavera, pero que no (7. querer) **quiere** salir de Sevilla antes de Semana Santa. ¿Y Pablo y Enrique? Pues, claro que ellos (8. querer) **quieren** ir cuando sea *(whenever)*, pero los billetes son muy caros. No sé si ellos (9. poder) **pueden** ir o no.

TERCER PASO

15 Are the following statements true about the place you live? If yes, write **Sí** and the statement. If not, change each statement to make it true.

MODELO Mi ciudad es muy grande.
No, mi ciudad es bastante pequeña. Unas 10,000 personas viven aquí.

1. En el centro, hay muchas tiendas.
   Answers will vary.
   ____
2. El lugar donde vivo está cerca de un río.
   ____
   ____
3. En el verano llueve mucho aquí.
   ____
   ____
4. Hay un centro comercial muy grande cerca de mi casa.
   ____
   ____
5. Vivo lejos de las montañas.
   ____
   ____
6. Hay un parque al lado de mi colegio.
   ____
   ____
7. A veces nieva aquí en el invierno.
   ____
   ____
8. Mi colegio está lejos del centro.
   ____
   ____

Nombre ________________ Clase ________ Fecha ________

16 Write a letter to your pen-pal in Spain describing your city or town. Be sure to include information about the climate and any fun and interesting activities to do there. Describe whether your city or town has any skyscrapers, monuments or other important buildings, and if your city or town is close to or far away from the beach.

Answers will vary.

CAPÍTULO 2 Tercer paso

Nombre ____________________ Clase ____________ Fecha ____________

17 Look over the drawings of Marcos below. For each drawing, explain what the weather is like, what month it is, and where Marcos is or what he's doing. **Answers will vary. Possible answers:**

1. **Hace mucho calor. Es el mes de julio, y Marcos está en la playa.**

2. **Hace fresco y hace mucho viento. Es el mes de septiembre, y Marcos está esperando el autobús del colegio.**

3. **Hace muy mal tiempo. Llueve y hace frío. Es el mes de noviembre. Marcos va al trabajo.**

4. **Está nublado y hace fresco. Es el mes de marzo y Marcos va al partido de fútbol.**

5. **Hace sol y calor. Es el mes de agosto y Marcos va a pasar el día en el parque.**

18 Using the phrases from the **Así se dice** box on p. 41 of your textbook, suggest an activity to a friend for each of the following types of weather.

1. Hace sol. **Answers may vary. Possible answers below:**
   ¿Por qué no vamos a la piscina?
2. Hace muchísimo calor.
   ¿Qué tal si tomamos un refresco o un helado?
3. Hace fresco y hace viento.
   ¿Por qué no vamos al lago para ir de vela?
4. Llueve.
   ¿Qué tal si hacemos papitas y vemos la tele?
5. Nieva.
   ¿Por qué no vamos a esquiar?
6. Hace frío.
   ¿Qué tal si hacemos galletas y tomamos chocolate?

VAMOS A LEER

19 One of the things that Maribel takes to the U.S. are books and brochures about her hometown of Sevilla. Below is part of a tourist brochure about the city. Look through the reading, then answer the questions below.

Sevilla, ciudad de mil maravillas

Sevilla es alegre, bella, grandiosa, única. Esta ciudad preciosa, capital de Andalucía, está en las riberas° del río Guadalquivir, a sólo 60 km. del mar. Goza° de un clima moderado y tiene más de 650.000 habitantes. Dista 538 km. de Madrid, 138 de Córdoba y 256 de Granada.

Historia en la arquitectura sevillana

Las poblaciones sucesivas de la zona han dejado rastros° de su civilización en los monumentos y edificios de Sevilla y su entorno°. En Itálica, a sólo unos pocos kms. de Sevilla, se conservan *ruinas romanas*. Los musulmanes° dejaron *la Giralda*, antigua mezquita° mayor, en pleno centro de Sevilla. Y de la época de la Reconquista datan la *Catedral* y los *palacios*.

Museos y Lugares de interés

Esta ciudad tan histórica también abunda en museos, todos muy cerca. Para los aficionados de la historia de América es obligatoria una visita a la *Biblioteca Colombina*, con más de 3.000 libros de la familia de Cristóbal Colón. También de gran interés histórico es *El Archivo General de Indias*, con sus mapas, cartas y otros documentos de la Conquista. El *Museo de Bellas Artes* y el *Museo de Arte Contemporáneo* ofrecen excelentes muestras° de la pintura española de varias épocas. Y el visitante a Sevilla no debe irse sin un paseo por el bello y grande *Parque de María Luisa*, en el margen del río Guadalquivir. Con sus jardines, pabellones y albercas°, es otra de las muchas maravillas que ofrece Sevilla a sus visitantes.

rastros *traces*	**mezquita** *mosque*	**albercas** *ponds*
entorno *surrounding areas*	**musulmanes** *Muslims*	**riberas** *shores*
muestras *examples*	**goza** *benefits from*	

1. What kind of information is mentioned in this brochure? Scan the reading to find the answers, and check all that apply:

   a. ✓ information on Sevilla's museums
   b. ✓ a description of the city's location
   c. ____ information on transportation in the city
   d. ____ the best areas for shopping and dining
   e. ✓ the historical architecture of the city
   f. ____ facts about the Semana Santa celebrations in Sevilla
   g. ✓ the size of the city

2. Scan the first section again and decide if each of the following statements is **cierto** or **falso**.

   cierto a. Hay un río que pasa por Sevilla.
   falso b. Hace mucho frío en Sevilla en el invierno.
   cierto c. Sevilla no está muy lejos del océano.
   cierto d. La ciudad es la capital de Andalucía.
   falso e. Está cerca de Madrid, pero lejos de Córdoba.

3. Imagine that you are leading a tour group through Sevilla. What place should each of the following people visit?

   a. an art history student **the art museums**
   b. a gardener **the Parque de María Luisa**
   c. an archaeologist who studies Roman buildings **the ruins at Itálica**
   d. a person interested in the Spanish voyages to the Americas **the Biblioteca or the Archivo**

CAPÍTULO 2 Vamos a leer

CULTURA

20 As you read in the **Nota cultural** on p. 39 of your textbook, extended families are common in the Spanish-speaking world. List three reasons why you think grandparents, parents, and adult children may all live together under one roof. **Answers will vary. Possible answers: Housing is more expensive than in the U.S. relative to a person's income; unemployment rates are generally higher and it is harder for adult children to afford their own place; grandparents and other relatives are needed around the house to deal with aspects of daily life that are handled differently than in the U.S. (daily vs. weekly grocery shopping, less use of convenience foods and thus more time needed to prepare food, caring for children at home vs. taking them to a day care center); there is a different concept of privacy and personal space; finally, family ties are stronger, and relatives tend to stay in the same area, near each other, reinforcing the tendency toward extended families.**

21 Choose a Spanish-speaking country and find out about one aspect of family relationships in that country. You may know someone from that country, or you may have to look for information in the library or on the Internet. Try to ask about something that hasn't been discussed in the text so far—for instance, you may want to find out how brothers and sisters interact. Evaluate the information you collect. How do you feel about what you found out? Based on your information, how is the situation in the country you chose different from the situation in your own family?

Answers will vary. Have students document their sources.

CAPÍTULO 3

Nombre ______________________ Clase ______________ Fecha ______________

La vida cotidiana

DE ANTEMANO

1 The drawings below show a series of actions from an everyday routine. Number the drawings in the order you do the activities, then write the time when you generally do each one.

____  **Answers will vary.**

____  ______________________

____  ______________________

____  ______________________

____  ______________________

____  ______________________

____  ______________________

2 In the **fotonovela**, you read the interview with the famous actress Lupita Cárdenas. Imagine that you are seated next to your favorite celebrity on a plane. Write three questions in Spanish to ask him or her. Include at least one question about your celebrity's daily routine and one about his or her hobbies or pastimes. How do your questions compare to those in the **fotonovela**?

Answers will vary.

____

____

____

PRIMER PASO

3 Complete the crossword puzzle below using the vocabulary on p. 71 of your textbook.
You may want to point out that the accent is missing from *jabón*.

1. Necesitas hacer esto antes de ir al dentista:
2. La acción de salir de la cama:
3. La cosa que te despierta por la mañana:
4. La acción de ir a la cama:
5. Se lavan las manos con ______:
6. La cosa que usas para secarte todo el cuerpo:
7. Se lava el pelo con ______:
8. Puedes secarte el pelo con esto:

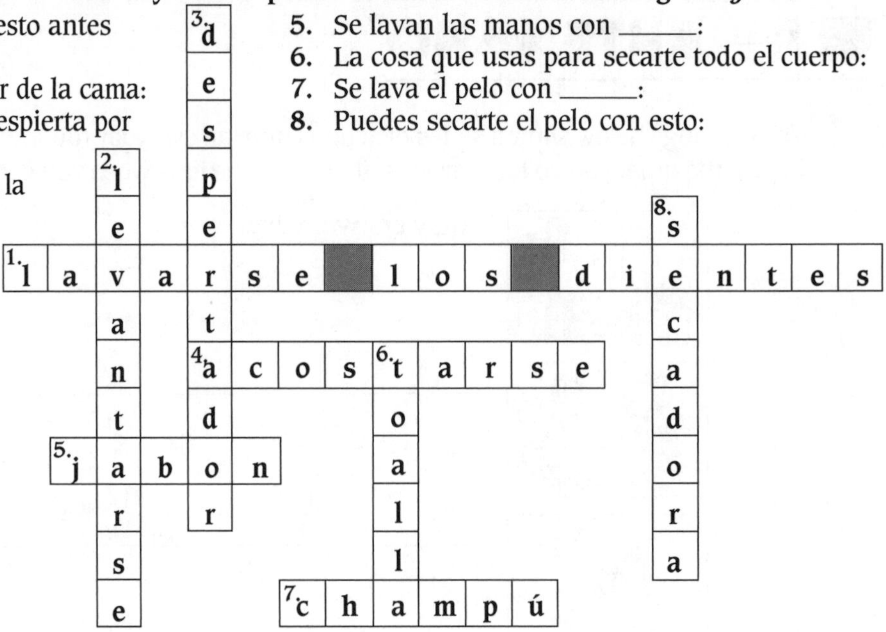
1. lavarse los dientes
2. levantarse
3. despertador
4. acostarse
5. jabon
6. toalla
7. champú
8. secadora

4 What words or activities from your daily routine do you associate with the following parts of your body? Use the vocabulary on p. 71 of your textbook. **Answers will vary.**

1. la boca **lavarse los dientes, el cepillo de dientes**
2. la cabeza **la secadora, el champú, lavarse el pelo, peinarse, el cepillo, el peine**
3. el cuerpo **vestirse, ducharse**
4. el oído **el despertador, despertarse**
5. los ojos **maquillarse, mirarse en el espejo, despertarse**

5 Imagine that you have been chosen to go on an intergalactic exploration trip. Most of the room in your spaceship is needed for experiments and equipment, so your personal luggage is limited to ten items. What will you pack? Using the vocabulary on p. 71 of your textbook, explain which items you plan to take and why.

MODELO el champú
Voy a llevar champú para lavarme el pelo.

Answers will vary.

6 Read the following statements, and change them as necessary to make them true for you.

MODELO Me despierto a las cinco de la mañana.
Me despierto a las siete y media de la mañana.

1. Me levanto a las once los fines de semana.
   Answers will vary.
2. Me baño en la mañana todos los días.
   ______
3. Me cepillo los dientes a las nueve de la noche.
   ______
4. Me seco el pelo en cinco minutos.
   ______
5. Me visto rápidamente.
   ______
6. Me acuesto tarde los fines de semana.
   ______
7. Nunca me lavo las manos.
   ______
8. Cuando regreso a casa, me quito los zapatos.
   ______

7 The soccer team won its first game of the season, and everyone's going out to eat together afterwards. The problem is that people are taking forever to get ready. Explain what different teammates are doing, following the model and using the cues provided.

MODELO Tomas y Enrique/vestirse
Tomás y Enrique se visten.

1. Mariana/secarse el pelo **Mariana se seca el pelo.**
2. Tú/lavarse los dientes **Tú te lavas los dientes.**
3. Roxana y Yolanda/peinarse **Roxana y Yolanda se peinan.**
4. Jaime/afeitarse **Jaime se afeita.**
5. Antonio y Pedro/vestirse **Antonio y Pedro se visten.**
6. Nosotros/mirarse en el espejo **Nosotros nos miramos en el espejo.**
7. Nora/maquillarse **Nora se maquilla.**
8. Héctor/ducharse **Héctor se ducha.**
9. Yo/lavarse el pelo **Yo me lavo el pelo.**

8 The poll below is from a Spanish-language health magazine. Answer the questions, then see how your health routine rates below.

	A todos los días	B a veces	C nunca
1. Como frutas y verduras...			
2. Hago ejercicio...			
3. Duermo ocho horas al día....			
4. Tomo vitaminas...			
5. Tomo ocho vasos de agua...			
6. Me acuesto tarde...			
7. Como dulces...			
8. Tomo café o té o refrescos con cafeína...			

Preguntas 1-5:

- Mayoría respuestas **"A"**: ¡Felicidades! Es evidente que sabes mantenerte en buena forma. Sigue así y no tendrás problemas de salud.
- Mayoría respuestas **"B"**: Sabes qué hacer para mantener la buena salud, pero...te faltan la organización y la determinación para ponerlo en práctica. Debes seguir una rutina de ejercicio y de dieta sana todos los días, no sólo "a veces".
- Mayoría respuestas **"C"**: ¡Cuidado! Si sigues así vas a terminar muy mal. ¿Por qué no empiezas hoy mismo con una nueva rutina? Prepárate una ensalada para la cena, y vete al gimnasio a tomar una clase de aeróbicos.

Preguntas 6-8:

- Mayoría respuestas **"A"**: ¡Qué horror! Recuerda que tu cuerpo es como un automóvil...y el descanso y la comida sana son la gasolina de alta calidad que necesitas para funcionar bien. Así que, duerme lo suficiente y evita el azúcar y la cafeína.
- Mayoría respuestas **"B"**: Bueno, un helado, un café o una fiesta que no termina hasta muy tarde de vez en cuando no te hacen mucho daño. Pero no seas exagerado(a).
- Mayoría respuestas **"C"**: ¡Guau! Puedes considerarte el ideal. Está claro que te tratas a ti mismo(a) con respeto.

9 Carmela, an exchange student from Mexico, will be living with your family for the next few months. Since you and Carmela will be sharing a bathroom, you need to explain your morning routine to her. Mention at least five things you do, when you do them, and how long it takes you to do them.

MODELO Típicamente, me ducho a las 7:30. Gasto 15 minutos en ducharme. Después...

Answers will vary.

Nombre ______________________ Clase ____________ Fecha ____________

SEGUNDO PASO

10 Do you have to help out around the house? How do you feel about it? Complete the sentences below with information about your household chores, using the vocabulary on pp. 76 and 78 of your textbook. If you don't like doing something, complain!

MODELO No me molesta... *(I don't mind...)*
No me molesta lavar la ropa pero ¡siempre me toca a mí!

1. En mi casa, siempre tengo que...
   Answers will vary.
2. Mi hermano/a tiene que...
   ____
3. No me gusta...
   ____
4. Mi abuela tiene que...
   ____
5. Estoy harto/a de...
   ____
6. A veces, tengo que...
   ____
7. Para mí, es aburrido...
   ____

11 Rafael has invited his friend Jesús to spend a week with him at his grandparents' beach house in Cozumel. Complete their conversation about life at the beach with the correct forms of the verbs in parentheses. If the verb is reflexive, be sure to use the correct reflexive pronoun.

RAFAEL ¡Qué bueno! Una semana de vacaciones en la playa. Te va a gustar mucho.

JESÚS Sí, claro que sí. Dime... ¿qué (1. hacer) **haces** tú típicamente en la playa?

RAFAEL Pues, de todo. Yo (2. despertarse) **me despierto** tarde, a las diez. Después de desayunar, (3. ponerse) **me pongo** el traje de baño y voy a la playa con mis primos.

JESÚS ¿Y qué hacen tus abuelos?

RAFAEL ¡Siempre están ocupados! Por lo general, mi abuelo (4. regar) **riega** el jardín. Y mi abuela trabaja en casa. Ella (5. limpiar) **limpia** la casa y (6. sacudir) **sacude** el polvo.

JESÚS ¿Y tienes quehaceres en casa de tus abuelos?

Nombre ______________________ Clase ____________ Fecha ____________

RAFAEL Muy pocos. Ellos siempre dicen, "Rafa, estás de vacaciones. Aquí no debes hacer nada". Pero yo (7. sacar) **saco** la basura y (8. lavar) **lavo** los platos. También (9. tender) **tiendo** mi cama. Y mis primos (10. cortar) **cortan** el césped y (11. quitar) **quitan** la mesa.

JESÚS ¿Y qué hacen Uds. por la noche?

RAFAEL Depende. Cuando regresamos de la playa, nosotros (12. bañarse) **nos bañamos** y (13. vestirse) **nos vestimos** para salir. Casi siempre salgo con mis primos a una discoteca o a pasear. ¡Y generalmente yo (14. acostarse) **me acuesto** bastante tarde!

12 Based on the drawings below, decide whose turn it is to do each chore around the house.

MODELO **A Marta le toca tender las camas.**

MODELO Marta (tender)

1. Miguel (caminar)

2. Carlota (lavar)

3. Gilberto (lavar)

4. Soledad (limpiar)

5. Esteban (pasar)

6. Roberto (ayudar)

7. Yolanda (poner)

8. Cristóbal (trabajar)

9. Susana (cuidar)

1. **A Miguel le toca caminar con el perro.**
2. **A Carlota le toca lavar la ropa.**
3. **A Gilberto le toca lavar los platos.**
4. **A Soledad le toca limpiar la sala.**
5. **A Esteban le toca pasar la aspiradora.**
6. **A Roberto le toca ayudar a su hermanito.**
7. **A Yolanda le toca poner la mesa.**
8. **A Cristóbal le toca trabajar en el jardín.**
9. **A Susana le toca cuidar a su hermanita.**

13 Your Spanish class is coming over to your house on Saturday night for a party, and you need to be ready. Use the calendar below to list what you will do on each day to get yourself and the house ready in time. Use the vocabulary on pages 71 and 76 of your textbook to make your list, and mention at least three things for each day.

Answers will vary. Possible answers:

jueves 20	viernes 21	sábado 22
llamar a los compañeros de clase. **sacudir el polvo, barrer el piso en el comedor; comprar la comida.**	**limpiar el cuarto de baño, pasar la aspiradora en la sala, preparar la comida.**	*8:00–¡¡fiesta!!* **bañarme, vestirme, poner la mesa, sacar la basura.**

14 Imagine that some friends have come over to help you get ready for the party. Explain who is going to do what, following the model below and the cues in parentheses. Use the correct direct-object pronoun in your answer.

MODELO ¿Quién va a cortar el césped? (Adela)
Adela lo va a cortar. (Adela va a cortarlo.)

1. ¿Quién va a sacar la basura? (Yo)
   Yo la voy a sacar/voy a sacarla.
2. ¿Quién va a limpiar el cuarto de baño? (Tomás y Eva)
   Tomás y Eva lo van a limpiar/van a limpiarlo.
3. ¿Quién va a barrer el piso del comedor? (Germán)
   Germán va a barrerlo/lo va a barrer.
4. ¿Quién va a poner la mesa? (Tú)
   Tú vas a ponerla/la vas a poner.
5. ¿Quién va a pasar la aspiradora? (Nosotros)
   Nosotros la vamos a pasar/vamos a pasarla.
6. ¿Quién va a preparar la comida? (Silvia y Patricia)
   Silvia y Patricia van a prepararla/la van a preparar.
7. ¿Quién va a poner las decoraciones? (José María)
   José María las va a poner/va a ponerlas.
8. ¿Quién va a tender las camas? (Usted)
   Usted las va a tender/va a tenderlas.

Nombre ______________________ Clase ____________ Fecha ____________

TERCER PASO

15 You've decided to join the "**Mundo Joven**", an online pen pal service, in order to meet some new and fun people. In order to find someone who shares your interests, you have to fill out the following questionnaire. Use the vocabulary on p. 81 of your textbook in your responses.
Answers will vary.

Nombre: ______________ **Edad:** ____________ **Teléfono:** ____________

Yo soy: ______________________________

Estoy loco(a) por... ______________________________

Me interesa(n)... ______________________________

No me gusta(n)... ______________________________

16 Read the following statements, and change them as necessary to make them true for you.

MODELO Hace un año que asisto a mi colegio.
Hace dos años que asisto a mi colegio.

1. Hace dos años que vivo en esta ciudad.
   Answers will vary.
2. Hace 15 minutos que hago la tarea.
   ____
3. Hace mucho tiempo que tengo un perro o un gato.
   ____
4. Hace tres años que practico mi deporte favorito.
   ____
5. Hace un año que estudio español.
   ____
6. Hace más de dos años que toco un instrumento musical.
   ____

Nombre ______________________ Clase ____________ Fecha ____________

17 It's a rainy day, and everyone in your family is inside the house doing different things. Express the sentences below in Spanish, using the **Así se dice** and **Nota gramatical** on p. 82 of your textbook.

MODELO Lupe has been playing the piano for twenty minutes.
Hace 20 minutos que Lupe toca el piano.

1. Martín has been playing videogames for three hours!
   ¡Hace 3 horas que Martín juega videojuegos!
2. Rafaela and Dad have been playing cards for two hours.
   Hace dos horas que Rafaela y papá juegan a las cartas.
3. Laura's been talking on the phone for a half hour.
   Hace media hora que Laura habla por teléfono.
4. Mom's been vacuuming for an hour.
   Hace una hora que mamá pasa la aspiradora.
5. I've been cleaning my closet for 15 minutes.
   Hace 15 minutos que limpio mi armario.
6. Danielito has been reading comic books for an hour.
   Hace una hora que Danielito lee las tiras cómicas.
7. Grandma's been writing letters for a half hour.
   Hace media hora que abuela escribe cartas.

18 The magazine ***Gente*** is doing an article on teenagers throughout the world. Answer the reporter's questions following the model and using your own experiences.

MODELO *Reportero* ¿Cuánto tiempo hace que vives en la misma casa?
Hace casi cinco años que vivo aquí. Me gusta mucho mi casa.

¿Cuánto tiempo hace que... **Answers will vary. Possible answers:**

1. practicas un deporte? **Hace dos años que practico el voleibol y hace cinco años que practico el tenis.**
2. montas en bicicleta? **Hace 10 años que monto en bicicleta.**
3. estudias en este colegio? **Hace dos años que estudio aquí.**
4. tienes que ayudar en casa? **Hace ocho años que tengo que hacer mi cama, sacar la basura y lavar los platos.**
5. tocas un instrumento musical? **Hace tres años que toco la flauta.**

6. tienes tu carnet de conducir *(driver's license)*? **Hace un año que tengo mi carnet de conducir.**

7. tienes perro o gato? **Hace tres meses que tengo perro.**

19 Imagine that you are on vacation at the destination of your dreams. Write a postcard back to your Spanish teacher. Tell him or her...

- how long you've been there;
- what your daily routine is like;
- and what activities you're doing.

MODELO *Querido Profesor Garza,*
¡Saludos desde la playa! Hace una semana que estoy aquí...

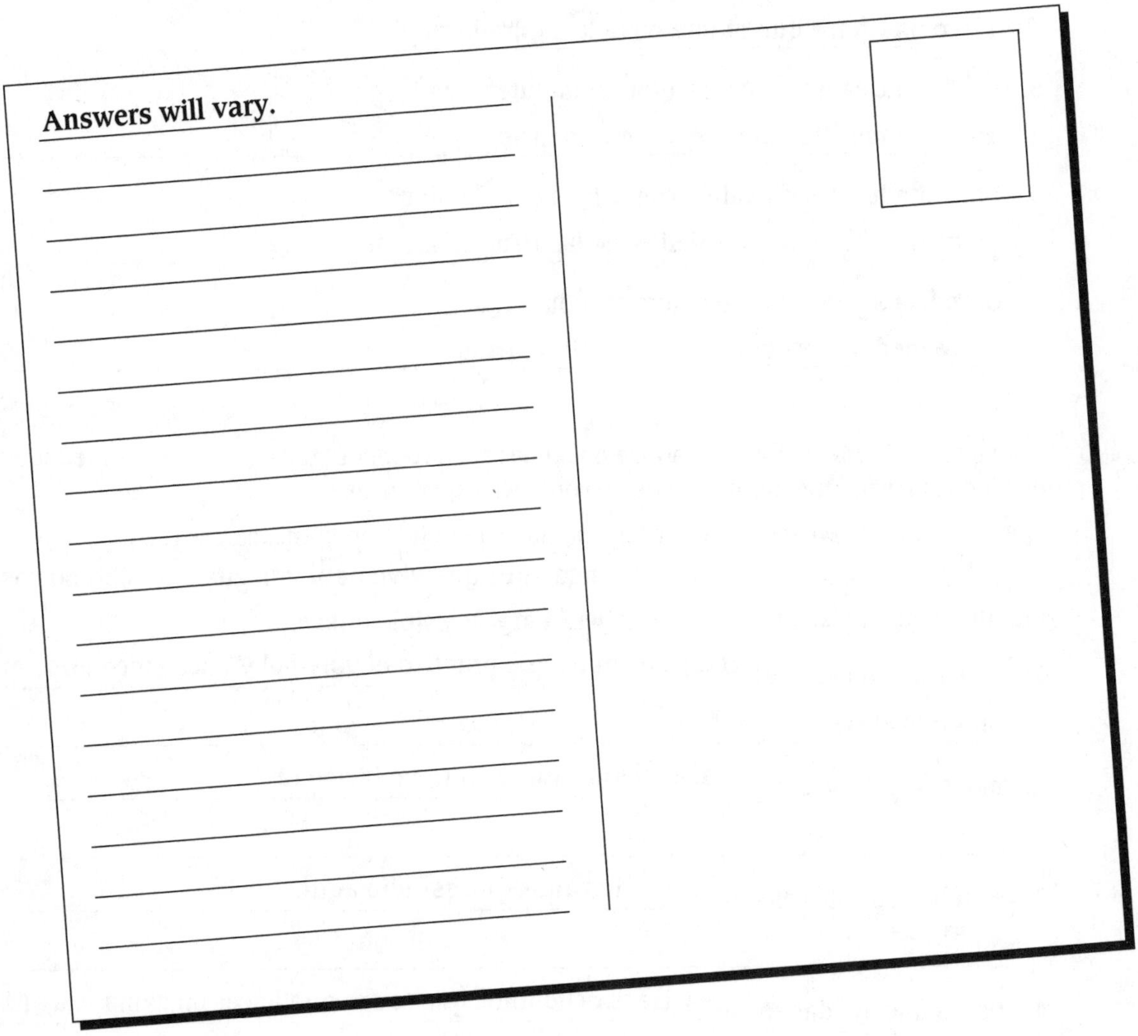
Answers will vary.

Nombre ______________________ Clase ______________ Fecha ______________

VAMOS A LEER

20 The following article from a health magazine gives seven tips for managing and reducing stress. Read the article, then answer the questions below.

7 Claves para manejar el ESTRÉS

1. Comer por lo menos una comida balanceada al día. La nutrición es esencial para una buena salud y proporciona defensas contra el estrés.

2. Dormir por lo menos 8 horas cada noche. Un sueño apropriado puede añadir años de vida. Trate de acostarse y levantarse a la misma hora.

3. Hacer ejercicio, por lo menos 3 veces por semana. Busque una actividad divertida, como montar en bicicleta, caminar o nadar.

4. No debe tomar demasiada cafeína. Puede producir irritabilidad, dolor de cabeza, ansiedad y depresión.

5. Salir y cultivar sus amistades. Tener amigos ayuda a mantener en alto la auto-estima.

6. Organizar su tiempo. Planee su uso y empléelo.

7. Conservar una actitud positiva: las personas optimistas tienen menos problemas mentales y físicos.

1. Scan the reading to find out what the article says about the following, and summarize your findings below.
   a. stress and exercise: **You should exercise regularly 3 times a week to help reduce stress.**
   b. stress and your feelings: **You should have a positive attitude.**
   c. stress and diet: **You should eat at least one balanced meal per day.**
   d. stress and time management: **Organize your time and do what's important to you.**

2. According to what the article says, do you manage stress well? What tips in the article seem particularly helpful to you? Do you think the reading left anything out?
   Answers will vary.

3. Imagine that your best friend is really stressed out and has asked for your help. Using the article above as a model, make three suggestions to your friend about how to reduce stress and get control of things.
   MODELO Habla con tus padres sobre tus problemas.
   Answers will vary.

CULTURA

21 In the **Nota cultural** on p. 78 of your textbook, you read about male-female roles and housekeeping chores in Spanish-speaking countries. In those countries, as in the U.S., women generally do more housework than men; however, traditional roles continue to change as more women take jobs outside the home. It is also much more common in Spanish-speaking countries than in the U.S. for families to employ a cleaning lady, maid or housekeeper to help with weekly or daily chores, including cleaning, cooking and child care.

Imagine that you and some friends are planning to start a house-cleaning service, and want to place an ad in your town's Spanish-language newspaper. Create an ad in which you explain the housekeeping services you provide and the days and times you are available.

CAPÍTULO 4

Nombre ______________ Clase ______________ Fecha ______________

¡Adelante con los estudios!

DE ANTEMANO

1 Based on the **fotonovela,** respond to these statements with **cierto** or **falso.** If a statement is false, change it to make it true.

1. Hace mucho tiempo que Andrés está en la capital.
   Falso; hace sólo 3 semanas que está allí.
2. Andrés dice que su nuevo colegio es más grande que el de León.
   Cierto
3. Ana María sacó una mala nota en la clase de historia.
   Falso; sacó una buena nota.
4. El profesor Ramírez da una clase de arte en el colegio.
   Falso; es el profesor de historia.

2 Andrés has a lot of questions for Miguel and Ana María about his new school and their upcoming history project. Match his questions and their answers.

Miguel

Andrés

Ana María

e 1. Ana, ¿te parece más difícil la clase de historia o la de matemáticas?

g 2. Para ir al parque de Chapultepec en metro, ¿qué hago?

b 3. Miguel, ¿qué nota sacaste en la clase de dibujo?

f 4. Estoy un poco preocupado por la clase de inglés. Me parece imposible.

h 5. Miguel, ¿conoces a Leticia Obando? Está en mi clase de computación.

c 6. ¿A qué hora nos vemos para ir al parque? ¿A las 10:00?

a 7. ¿Qué tal si almorzamos juntos después de hacer los dibujos?

a. De acuerdo. Conozco un buen restaurante, y muy barato, cerca del parque.
b. ¡Uf! Saqué una nota malísima—5.7. Me choca esa clase.
c. No, mejor a las 10:30. No me gusta levantarme muy temprano los sábados.
d. ¿El director? Pues, me parece un hombre muy exigente, pero justo.
e. Para mí, la clase de historia es más difícil. ¡Hay que leer muchísimo!
f. Mira, para salir bien en inglés debes prestar mucha atención y tomar apuntes siempre.
g. Deberías tomar el metro hasta mi casa. Después, vamos todos juntos al parque.
h. Sí, la conozco. Parece una chica muy aplicada y seria.

PRIMER PASO

3 What expressions would you use from **Así se dice** on p. 100 of your textbook to say the following? **Answers will vary. Possible answers:**

1. To ask a friend what she or he thinks of the English teacher.
   ¿Qué te parece el/la profesor/a de inglés?
2. To say that the cafeteria food seems horrible to you.
   Me parece horrible la comida de la cafetería.
3. To say that you think the new student is really cute!
   ¡Creo que el/la nuevo/a estudiante es muy guapo/a!
4. To ask a friend if she or he thinks the math homework is hard.
   ¿Te parece difícil la tarea de matemáticas?
5. To say that for you, Spanish class is fun.
   Para mí, la clase de español es divertida.
6. To say that art class seems interesting.
   Me parece interesante la clase de arte.

4 By now you already know that there are some differences between high schools in the U.S. and in the Spanish-speaking world. Help the English class at the **Instituto Juventud** in Mexico understand more about U.S. high schools by completing this questionnaire they've sent your class. Answer using expressions from **Así se dice** on p. 100 of your textbook.

¿Qué te parece(n)...?

a. los profesores **Answers will vary.**

b. las clases optativas *(electives)* ______

c. los deportes ______

d. la tarea ______

e. la comida de la cafetería ______

f. la clase de español ______

g. las vacaciones ______

h. los exámenes ______

i. tus compañeros de clase ______

5 Are you a good student or do you need to brush up on some study habits? Take this test to find out how you rate.

	A siempre	B a veces	C nunca/casi nunca
1. Entrego la tarea			
2. Repaso la materia			
3. Hago preguntas			
4. Presto atención			
5. Tomo apuntes			
6. Llego tarde			
7. Hablo con mis compañeros durante la clase			
8. Hago la tarea en el autobús			
9. Dejo el libro en casa			

Preguntas 1-5

- La mayoría de respuestas **"A":** ¡Te felicitamos! Es evidente que eres un/una estudiante muy aplicado/a y un modelo para los demás.
- La mayoría de respuestas **"B":** Mmm... no eres muy constante en tus hábitos. Sabes lo que debes hacer para sacar buenas notas, pero no lo haces siempre. ¿Por qué no tomas la decisión hoy mismo de empezar a trabajar más seriamente?
- La mayoría de respuestas **"C":** ¡Alerta! Cuidado con seguir así. Recuerda que una educación es lo más importante. CONSULTA ahora mismo con tus profesores. No es tarde para corregir errores pasados.

Preguntas 6-9

- La mayoría de respuestas **"A":** ¡Cero! Si sigues así, vas a tener muchos problemas en las clases este año. Llega a tiempo, presta atención en clase, y organízate desde ahora en adelante.
- La mayoría de respuestas **"B":** ¡Cuidado con eso! De vez en cuando a todos nos toca un día flojo, pero recuerda que hay que trabajar para salir adelante.
- La mayoría de respuestas **"C":** ¡Muy bien! Aprobaste este examen. Sigue así y no vas a tener problemas.

6 Andrés is writing a letter to his cousin Eduardo in León about his new school. Complete his letter with the correct form of the verbs in parentheses.

24 de octubre

Querido Eduardo,

¡Saludos desde la capital! Este año tengo ocho clases y la que más me gusta es historia. En esa clase, todos los estudiantes (1. participar) **participan** *mucho. El profesor Ramírez siempre* (2. hacer) **hace** *preguntas difíciles, y nos da mucha tarea. Casi siempre* (3. entregar) **entrego** *mi tarea a tiempo pero a veces mi amigo Miguel la* (4. dejar) **deja** *en casa.*

Para ir al colegio tomo el metro, pero a veces (5. llegar) **llego** *tarde. Cuando pasa eso,* (6. preocuparme) **me preocupo** *mucho, porque entonces el profesor Ramírez nos da tarea extra. Hay otra amiga mía en la clase, Ana María. Es una estudiante muy aplicada. Siempre* (7. prestar) **presta** *atención y* (8. tomar) **toma** *apuntes excelentes. Estoy seguro que ella* (9. aprobar) **aprueba** *el examen la próxima semana.*

Bueno, salúdame a los tíos y escríbeme cuando puedas.

Abrazos,
Andrés

7 All of your friends come to you for advice about their problems. Read each person's problem, then offer a solution using the expressions in the **Así se dice** box on p. 101 of your textbook.

MODELO Mira. Saqué un 4.5 en el examen de historia. ¿Qué hago?
Pues, deberías hablar con la profesora y estudiar más para el próximo examen.

1. Me gustaría salir con Rosalía, pero no sé qué decirle ni cómo invitarla.
   Answers will vary.
2. Estoy muy preocupada. Tengo un examen de química el jueves y no entiendo nada.
3. Mi hermano menor me vuelve loca. Siempre entra en mi cuarto sin tocar la puerta.
4. No sé qué me pasa. No puedo despertarme a tiempo y siempre llego tarde a clase.
5. ¡Mis padres son tan estrictos! No me permiten hablar por teléfono.

8 Your cousin Felicia is moving to your town and starting at your high school next month. She needs some advice. Write Felicia a note advising her what to do to be happy at your school. Include advice about teachers, classes, and activities. Use the words and phrases in the box.

En mi opinión...	**el e-mail**	**(No) Debes...**	**navegar por la Red**
(No) Deberías...	**Creo que...**	**Me parece (que)...**	
Internet	**la página Web**	**Para estar feliz/salir bien/etc.,...**	

Answers will vary.

Nombre ______________________ Clase ____________ Fecha ____________

SEGUNDO PASO

9 Complete the word puzzle using the clues below, the words on p. 105 of your textbook, and other words you know. If you fill in the words correctly, you should find a hidden question.

You may want to point out that the accents are missing from the hidden question.

						¿								
1.		a	p	l	i	c	a	d	a					
2.				f	l	o	j	o	s					
3.						m	a	g	n	í	f	i	c	a
4.		r	e	s	p	o	n	s	a	b	l	e		
5.			g	e	n	e	r	o	s	a				
6.			e	s	t	r	i	c	t	o	s			
7.		e	x	i	g	e	n	t	e	s				
8.				j	u	s	t	a						
9.	h	o	n	e	s	t	a							
10.			e	n	t	u	s	i	a	s	t	a		
						?								

1. Una persona que estudia mucho es ______.
2. Los gatos toman muchas siestas. Son animales ______.
3. Una nota de 98 es una nota ______.
4. Una persona que hace lo que debe hacer es ______.
5. Una persona que ayuda a los demás es ______.
6. Los padres que no les permiten salir a sus hijos son ______.
7. Los profesores que dan mucha tarea y muchos exámenes son ______.
8. La profesora te da una "A" si estudias y una "F" si no estudias. Ella es ______.
9. Una persona que siempre dice la verdad es ______.
10. Una persona que tiene mucha energía y muchas ganas de hacer algo es ______.

10 We all have our good and bad sides. Describe each of the people or groups of people below, listing both positive and negative traits. Use the words on p. 105 of your textbook and other adjectives you know.

MODELO Yo

Yo soy generosa, responsable y aplicada. Pero soy un poco distraída y torpe a veces.

1. Yo **Answers will vary.** ______________________
2. mi mejor amigo/a ______________________
3. mis padres ______________________
4. mis profesores ______________________
5. mi perro/gato ______________________
6. mi hermano/a ______________________
7. mis compañeros de clase ______________________

11 Read the following statements and change them as necessary to make them true for you.

MODELO Mi cuarto está muy limpio y arreglado.
Mi cuarto está desorganizado.

1. Mi clase de español es magnífica.
Answers will vary.
2. Estoy muy distraído/a hoy.
____
3. Mi mejor amigo/a está en tres de mis clases.
____
4. Mi hermano/a menor es irresponsable.
____
5. Estoy preocupado/a por mi nota en la clase de matemáticas.
____
6. Mi colegio está lejos de mi casa.
____

12 The sentences below describe some of the famous spots around Mexico City. Complete each sentence with the correct form of **ser** or **estar**, according to the context, and then say why you chose that verb.

MODELO El Zócalo, la plaza más grande de la ciudad, **está** en el centro. (The correct choice here is **está**, because the sentence describes the location of the Zócalo.)

1. El Zócalo **es (characteristic)** grande y muy antiguo.
2. La Catedral y el Palacio Presidencial **están (location)** en el Zócalo.
3. El parque de Chapultepec **está (location)** lejos del Zócalo, pero cerca de la Zona Rosa.
4. Los restaurantes y las tiendas de la Zona Rosa **son (characteristic)** muy elegantes y muy caros.
5. El parque de Chapultepec **es (characteristic)** bonito.
6. Hay tres museos en el parque, y todos **son (characteristic)** famosos.
7. El museo de Antropología **es (characteristic)** muy interesante. Tiene muchos artefactos de los aztecas y mayas.
8. La colección de arte del Museo de Arte Moderno **es (characteristic)** famoso.
9. Los tres museos del parque **están (location)** muy cerca. Puedes caminar de uno a otro.

13 Ana María is showing Andrés her family photo album. Complete their conversation with the correct form of **ser** or **estar**, according to the context.

ANA MARÍA Bueno, Andrés, ya conoces a mi mamá. Ella **1.** **está** junto a mi papá. En la foto, ellos **2.** **están** en la playa.

ANDRÉS Y aquí estás tú, ¿verdad?

ANA MARÍA No. Es una prima mía. Se llama Gabriela. Mucha gente dice que nosotras **3.** **somos** casi idénticas, pero en mi opinión, no es verdad. Ella **4.** **es** más baja que yo. Yo **5.** **soy** responsable y aplicada, pero ella **6.** **es** una estudiante muy floja.

14 Read the following excerpt from Berta's diary and complete it with the correct form of the verb **conocer.** Remember to include the preposition **a** when necessary.

> Todavía, yo no **1.** **conozco** muy bien la escuela. El Sr. Anderson, el profesor, es nuevo también, y él tampoco **2.** **conoce** bien la escuela. Yo ya **3.** **conozco a** unas chicas de mi clase de historia. Ellas **4.** **conocen** un café muy bueno cerca del colegio. Después de la última clase, vamos al café para tomar algo. Voy a clases en metro, pero todavía no **5.** **conozco** bien el sistema de metro.

15 Write a sentence comparing the people or items below according to the drawings.

Answers will vary.

1. 
la bicicleta de Raúl y la de Anita
La bicicleta de Raúl es más cara que la de Anita.

2. 
PROMEDIO
B
PROMEDIO
A
Bernardo y Laura
Bernardo es menos aplicado que Laura.

3. 
Graciela y Pablito
Graciela es mayor/más alta que Pablito; Pablito es menor/más bajo que Graciela.

4. 
Miguel y Victoria
Victoria es más atlética que Miguel.

Nombre ______________________ Clase ______________ Fecha ______________

TERCER PASO

16 What do you generally do after school? Does your schedule vary from day to day? Fill out the calendar below with your typical after-school activities, using the vocabulary from p. 110 of your textbook whenever possible. **Answers will vary.**

	lunes	martes	miércoles	jueves	viernes
3:00 P.M.					
4:00 P.M.					
5:00 P.M.					
6:00 P.M.					
7:00 P.M.					
8:00 P.M.					
9:00 P.M.					
10:00 P.M.					

17 In this letter to his cousin, Andrés explains what life is like in Mexico City. Complete his letter with the missing activities shown in the drawings, using the vocabulary on p. 110 of your textbook. Use the correct form of each verb. How do his afternoons compare to yours?

Después de clases, hay muchísimo que hacer. A veces, mis amigos y yo

1.  **tomamos el metro** a la Zona Rosa. Allí paseamos y

2.  **miramos las vitrinas**. A veces, me gusta 3.  **reunirme con los amigos** en un café cerca del colegio para tomar algo. Allí nosotros

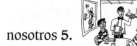

4.  **platicamos** de todo un poco. Los fines de semana, muchas veces vamos al parque de Chapultepec. Casi siempre juego al fútbol con unos amigos y después nosotros 5.  **merendamos** algo. Hay un cine fabuloso en la ciudad. Allí va mucha gente, y siempre tenemos que 6.  **hacer cola** para comprar nuestros boletos.

18 What expression from the **Así se dice** box on p. 111 of your textbook would you use to say the following?

Answers will vary. Possible answers:

1. to tell someone you're thinking of going to a concert this weekend
   Pienso ir a un concierto este fin de semana.
2. to tell a friend who wants to call at 4:00, 'better at 5'
   Mejor a las 5:00. A las cuatro tengo una cita con el dentista.
3. to tell a friend you'd love to go to the lake with him or her
   Me encantaría ir al lago contigo.
4. to tell a friend you'll pick him/her up at 4:00
   Paso por ti a las 4:00.
5. to agree to meet with a friend in the cafe at 7:00
   De acuerdo. Quedamos en vernos en el café a las 7:00.

19 Ana María is hosting a welcome party for Andrés. She wants to make sure everyone at the party knows everyone else, but she doesn't know who already knows whom. Help her out, using the correct direct object pronoun in your answers.

MODELO Ana María: Andrés, ¿Ya conoces a Luisa? (no)
Andrés: **No, no la conozco.**

1. ¿Ya conoces a mis padres? (no)
   No, no los conozco.
2. ¿Quieres conocer a Lupe? (sí)
   Sí, la quiero conocer/quiero conocerla.
3. Miguel, ¿te conoce Alberto? (sí)
   Sí, me conoce.
4. Sara, Teresa, ¿ya conocen ustedes a Andrés? (no)
   No, no lo conocemos.
5. ¿Conocen ellos a mi hermana menor? (sí)
   Sí, la conocen.
6. ¿Miguel conoce a Lupe? (no)
   No, no la conoce.
7. ¿Conoces a Rolando y a Héctor? (no)
   No, no los conozco.

Nombre ______________________ Clase ______________ Fecha ______________

20 Answer these questions about what you do or don't do in Spanish class to get a good grade. Use direct object pronouns in your answers.

MODELO ¿Aprendes los verbos siempre?
No, no los aprendo nunca. (Sí, siempre los aprendo.)

Answers will vary. Possible answers:

1. ¿Repasas el vocabulario todos los días?
Sí, lo repaso siempre.

2. ¿Entregas la tarea siempre?
Sí, la entrego casi todos los días.

3. ¿Escribes las preguntas difíciles?
Sí, las escribo a veces.

4. ¿Dejas el cuaderno en casa cuando estás distraído/a?
Sí, lo dejo en casa cuando estoy distraído/a.

5. ¿Practicas la pronunciación todos los días?
No, no la practico todos los días.

6. ¿Estudias el vocabulario nuevo en el autobús?
No, lo estudio en casa.

7. ¿Copias el trabajo de tus compañeros/as de clase?
No, no lo copio nunca.

8. ¿Sigues las instrucciones del profesor/de la profesora?
Sí, las sigo siempre.

VAMOS A LEER

21 Below are four letters written by Spanish-speaking teenagers to the "**Querida Cornelia**" advice column in a teen magazine. Before reading the letters, think for a minute about advice columns. What kinds of problems do people usually write about?

Querida Cornelia:

Creo estar enamorada de un chico que va al mismo colegio. Un día lo llamé por teléfono y hablamos por casi una hora. Empezamos a ser amigos pero ahora no sé si yo le intereso° realmente. ¿Debo seguir tomando la iniciativa° con él o no?

Sara Fierro, Panamá

le intereso *I interest him*
tomando la iniciativa *taking the initiative*

Querida Cornelia:

Estoy muy preocupada por mi mejor amiga. Ella está haciendo cosas muy extrañas. Antes, era° una chica alegre, aplicada, con muchos amigos y sus notas siempre eran 10. Ahora, su conducta no es la misma. No asiste a clases o llega tarde, no aprueba los exámenes, no tiene interés por nada, y siempre está cansada. Quiero ayudarla, pero no me quiere escuchar.

Elisa Palacios, Estados Unidos

era *she was, she used to be*

Querida Cornelia:

A lo mejor esto para ti no es un problema, pero para mí sí. Resulta que no soy muy fotogénico°, y ahora empiezo a creer que soy feo de verdad. En las fotografías, salgo muy feo. Siempre que me sacan fotos, quedo horrible°. Me da vergüenza° cuando mi novia me pide una foto y tengo que decirle que no tengo. Ayúdame, por favor.

Martín Alcaraz, Ecuador

fotogénico *photogenic*
quedo horrible *I look awful*
Me da vergüenza *I'm embarrassed*

Querida Cornelia:

El año pasado, mi hermano mayor estuvo en un choque° horrible. Desde entonces, tengo mucho miedo de andar en carro. Cada vez que subo al auto, me imagino envuelto en° un accidente terrible. ¿Es esto normal?

Norberto Muñoz, México

choque *car crash*
envuelto en *involved in*

a. Part of the fun of advice columns is reading what the columnist says about the different problems. Here is Cornelia's response to the letter from Sara. Do you think her advice is good? What would you have said?

Querida Sara:

Me parece que está claro que él te interesa. Ahora, lo importante es saber si tú le interesas a él como él a ti. Si tus amigos organizan una fiesta, por ejemplo, ¡invítalo! Ten paciencia y espera a ver qué hace él. ¡Buena suerte!

Answers will vary.

b. Now it's your turn! Write an answer to one of the other letters above.

Answers will vary, but students might mention such topics as family problems, school problems, health questions, problems with boyfriends/girlfriends, arguments with friends, etc.

CULTURA

22 In the **Nota cultural** on p. 99 of your textbook, you read about high school education in Mexico. Below, two Mexican high school students describe their experiences. Read what they have to say, then answer the questions below.

Marcos, *Distrito Federal:*

examen de ingreso	*entrance exam*
crece	*grows up*
cambias de idea	*you change your mind*
la prepa	*la preparatoria; college prep classes*

Voy a una escuela vocacional pública, el Instituto Politécnico Vocacional. El Instituto es muy grande y muy famoso. Para entrar, hay que hacer un examen de ingreso° de tres horas. Decidí ir al instituto porque me gusta mucho dibujar y pintar casas, y pienso ser arquitecto. Aquí, uno crece° con una idea de qué quiere ser, y así tomé la decisión. Pero después, si cambias de idea° y quieres hacer otra cosa, todavía puedes. Mi hermano Roberto hace la prepa° en un colegio de ciencias y humanidades. Él quiere ser científico.

Elena, *Monterrey:*

el bachillerato	*high school diploma*
según su gusto	*according to taste, preference*
no quería	*I didn't want*

Yo hago la preparatoria en el Colegio Americano de Monterrey. Es un colegio privado para los hijos de familias norteamericanas, pero también hay alumnos mexicanos. Es mixto—hay chicos y chicas. Todas las clases se dan en inglés hasta el bachillerato°. A los quince años, tienes que decidir si vas a tomar humanidades o ciencias. Uno decide según su gusto°, pero también los padres influyen en la decisión. Yo estoy en humanidades porque mi padre es matemático y odio las matemáticas, y por eso no quería° hacer ciencias. Este año tengo siete clases. En mi colegio, no hay asignaturas optativas. Es bastante limitado en ese sentido.

a. Can you define the terms below? Use the information above and from the **Nota cultural** on p. 99 of your textbook.

a. escuela vocacional **A vocational, technical or trade school for training in fields like architecture, engineering, and so forth.**

b. la preparatoria (la prepa) **The courses taken in preparation for going to the university, similar to college-track courses in the U.S. high schools. Normally the prepa lasts 3 years.**

c. las asignaturas optativas **Elective courses, which may or may not be offered at a school.**

b. How do these descriptions of high school in Mexico compare to your experiences here in the U.S.? List as many differences and similarities as you can. Mention at least three things.

U.S. high schools do not have the tracking between different orientations; there are not generally separate schools for vocational or technical training, but rather vo-tech programs within the school; U.S. schools generally have more electives; U.S. students do not have to choose a plan of coursework at the high-school level.

c. Imagine that you are writing to one of the students in Mexico about your high school. Write a paragraph in which you describe your school, your courses, and other information the student would need to understand better how a U.S. high school works.

Answers will vary.

Nombre ______________ Clase ______________ Fecha ______________

¡Ponte en forma!

DE ANTEMANO

1 As you saw in the **fotonovela,** Jimena and Gustavo have slightly different versions of their day. Read the sentences below and decide which person each sentence describes.

1. Dice que está en plena forma. **Gustavo**
2. Quería descansar un poco. **Jimena, Gustavo**
3. Se lastimó la espalda. **Gustavo**
4. Iba a jugar al voleibol el sábado, pero no pudo. **Jimena**
5. Su radio no funcionaba. **Gustavo**

2 As it turns out, Carla had trouble rounding up enough players for the volleyball game on Saturday. Write out an explanation for each of her friends below, based on what you see in each drawing.

Answers may vary. Possible answers:

1. 
Paloma
Gracias, Carla, pero no puedo. Tengo la clase de piano esta tarde.

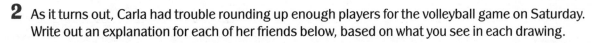

2. 
Anita y Laura
Lo siento, Carla, pero Anita y yo vamos a jugar al tenis esta tarde.

3. 
Fede y su hermanito
Me gustaría mucho, pero tengo que cuidar a mi hermanito.

4. 
Alicia
Lo siento, Carla, pero voy a la playa esta tarde.

5. 
Martín, Julio y Esteban
Gracias, Carla, pero esta tarde tenemos un partido de fútbol.

Nombre ______________________ Clase ______________ Fecha ______________

PRIMER PASO

3 A Spanish health magazine is doing an article on sports and recreation in the U.S. Help the reporter by filling out the chart with information about your own sports and exercise routine.

	¿Dónde lo practicas?	¿Cuándo?	¿Qué llevas?
MODELO la natación	la piscina	el verano	el traje de baño
1. el montañismo **Answers will vary.**			
2. el atletismo			
3. el remo			
4. el senderismo			
5. levantar pesas			
6. practicar las artes marciales			
7. moverse			
8. el ciclismo			

4 You and some friends are considering working next summer at a resort spa in the Colorado Rockies. One fringe benefit is that you are allowed to use the athletic facilities, which include all of those mentioned on pp. 133 and 135 of your textbook. Write a paragraph in which you explain which activities you would or wouldn't like to do, and why or why not. Mention at least six different activities.

MODELO **Me gusta mucho practicar el senderismo, porque me encanta caminar. Creo que me gustaría el remo, porque...**

Answers will vary.

CAPÍTULO 5 Primer paso

5 Your school's outdoor club went on their annual camping trip this weekend. During the trip, everyone went hiking, mountain climbing, and swimming. Use the cues in parentheses to explain how long everyone slept.

MODELO el profesor Montes/sólo 4 horas.
¡El profesor Montes sólo durmió cuatro horas!

1. Vero y Natalia/mucho
   Vero y Natalia durmieron mucho.
2. Tomás/5 horas
   Tomás durmió cinco horas.
3. Sara y yo/casi 8 horas
   Sara y yo dormimos casi ocho horas.
4. Yo/7 horas
   Yo dormí siete horas.
5. Tú/muy poco
   Tú dormiste muy poco.
6. El perro Rex/toda la noche
   El perro Rex durmió toda la noche.

6 Which activities from pp. 133 and 135 of your textbook do you associate with the following things? List as many activities as you can for each category.
Answers will vary. Possible answers:

1. los brazos
   levantar pesas, escalar montañas, el remo, las artes marciales
2. las piernas
   el atletismo, el senderismo, el ciclismo, saltar a la cuerda
3. la música
   moverse, los ejercicios aeróbicos
4. los pies
   el senderismo, el atletismo, saltar a la cuerda
5. el estómago
   hacer abdominales
6. el verano
   sudar, la natación

Nombre ______________________ Clase ______________ Fecha ______________

7 Describe what the people in the drawings below did on Saturday, using the verbs provided with each drawing.

1. 
la familia Urrutia/ir a un parque nacional, hacer senderismo
La familia Urrutia fue a un parque nacional e hizo senderismo.

2. 
Xavier y Ana/correr, dar la vuelta al parque dos veces
Xavier y Ana corrieron y le dieron la vuelta al parque dos veces.

3. 
Susana/dormir hasta las once, ver los dibujos animados
Susana durmió hasta las once y vio los dibujos animados.

4. 
César/ir al lago, practicar el remo
César fue al lago y practicó el remo.

5. 
Yo/ir al río, nadar
Yo fui al río y nadé.

6. 
Alejo y yo/hacer montañismo, escalar dos montañas
Alejo y yo hicimos montañismo y escalamos dos montañas.

7. 
Tú/comprar una bicicleta, pasear por tres horas
Tú compraste una bicicleta y paseaste por tres horas.

SEGUNDO PASO

8 Complete the puzzle using the clues below and the vocabulary on pp. 133, 135 and 139 of your textbook.

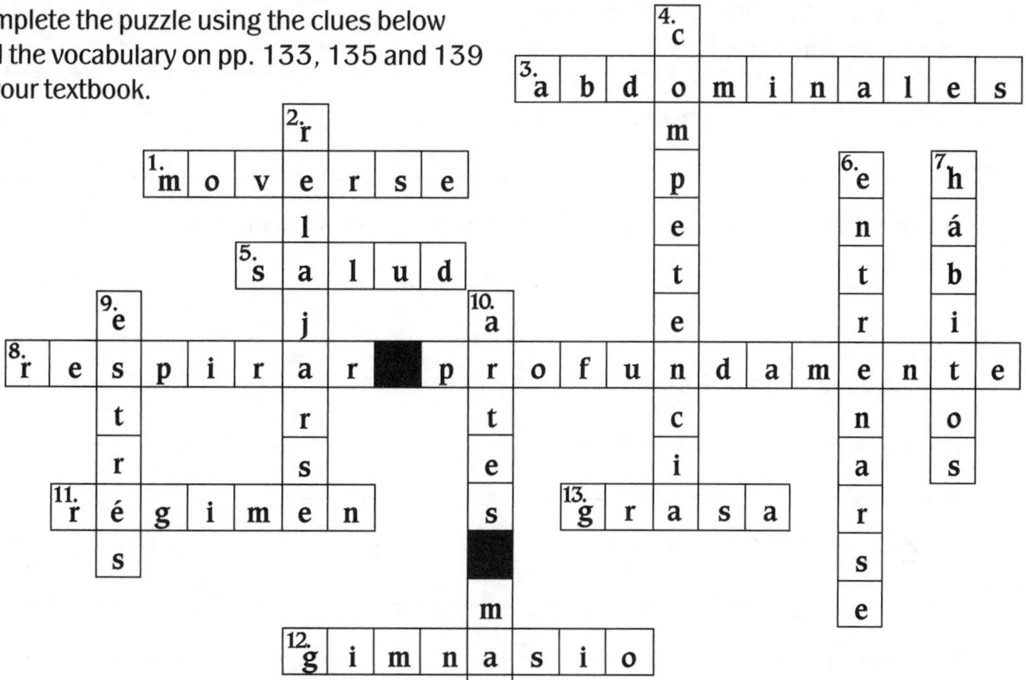
1. moverse
2. relajarse
3. abdominales
4. competencia
5. salud
6. entrenarse
7. hábitos
8. respirar profundamente
9. estrés
10. artes marciales
11. régimen
12. gimnasio
13. grasa

1. Lo que haces en una clase de ejercicios aeróbicos: ______.
2. Una persona muy tensa debe ______.
3. Un ejercicio muy bueno para los músculos del estómago: ______
4. Un evento atlético, como un maratón o los Juegos Olímpicos, es una ______.
5. Cuando no tienes ningún problema médico, tienes buena ______.
6. Lo que hacen los atletas para estar en forma: ______.
7. Comer muchos dulces y beber muchos refrescos son malos ______.
8. Debes hacer esto cuando haces cualquier tipo de ejercicio: ______.
9. Si estás nervioso/a o tenso/a, estás sufriendo del ______.
10. El judo y el tae-kwon-do son dos tipos de ______.
11. La palabra *dieta* es un sinónimo de ______.
12. El lugar adonde vas para practicar unos deportes, como levantar pesas: ______.
13. Algunas comidas, como el aceite, el queso y la carne contienen mucha ______.

9 La profesora Núñez teaches health class at Central High School. Using informal commands, write the advice she gives various students.

MODELO Mariana/no trabajar demasiado
Mariana, no trabajes demasiado.

1. Iván/descansar más **Iván, descansa más.**
2. Sandra/dormir 8 horas al día **Sandra, duerme ocho horas al día.**
3. Alberto/no comer tantos dulces **Alberto, no comas tantos dulces.**
4. Roxana/evitar la grasa **Roxana, evita la grasa.**
5. Laura/no tomar refrescos **Laura, no tomes refrescos.**
6. Francisco/seguir una dieta balanceada **Francisco, sigue una dieta balanceada.**

Nombre ______________________ Clase ______________ Fecha ______________

10 You've applied for the job of trainer at the local gym. Before they can hire you, they need to know about your health habits. Answer these questions on the application.

1. ¿Qué haces para mantenerte en forma?
   Answers will vary.
2. ¿Cuántas horas a la semana dedicas al ejercicio?
3. En tu opinión, ¿cómo debe un atleta entrenarse para una competencia?
4. ¿Cómo es tu régimen? Describe tu dieta típica.
5. ¿Tienes algunos malos hábitos?
6. ¿Qué haces para evitar el estrés?

11 Have you ever made a resolution to do something and later talked yourself out of doing it? José has the same problem. In spite of his good intentions, the voice of temptation convinces him not to do the good things he's planned. Write what the voice says to José, using informal commands.

MODELO ir al parque para correr/mirar la televisión en casa
No vayas al parque para correr. Mira la televisión en casa.

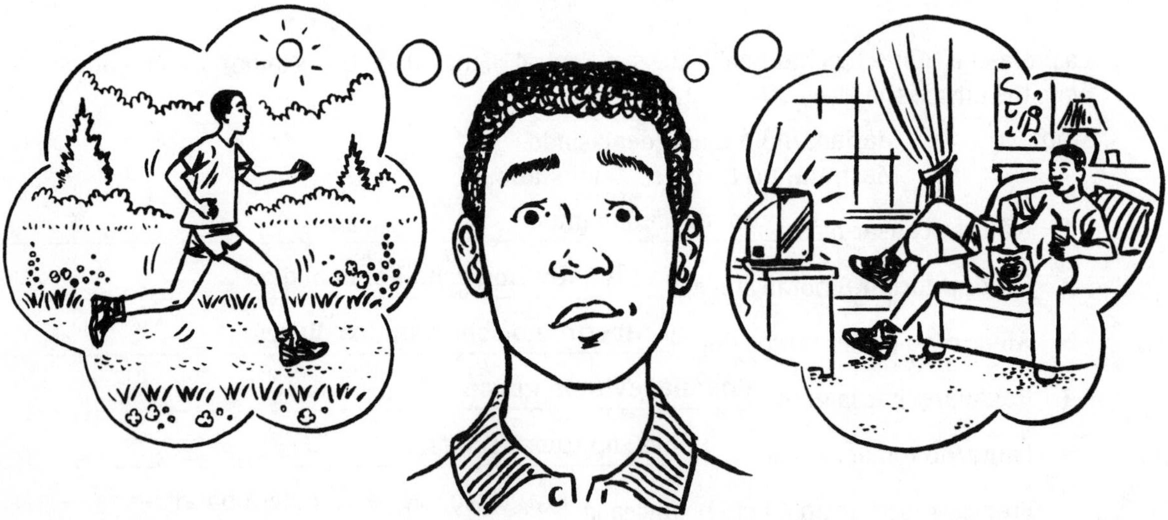

1. comer una ensalada para el almuerzo/comprar un pastel de chocolate
   No comas una ensalada para el almuerzo. Compra un pastel de chocolate.

2. hacer ejercicio esta tarde/ir de compras con tus amigos
   No hagas ejercicio esta tarde. Ve de compras con tus amigos.

3. ir a la piscina para nadar el sábado/salir con tus amigos
   No vayas a la piscina para nadar el sábado. Sal con tus amigos.

4. hacer régimen/comer pizza todos los días
   No hagas régimen. Come pizza todos los días.

5. estudiar para el examen ahora/leer una revista
   No estudies para el examen ahora. Lee una revista.

6. jugar al tenis mañana/dormir hasta las once
   No juegues al tenis mañana. Duerme hasta las once.

7. poner la mesa/tomar una siesta
   No pongas la mesa. Toma una siesta.

8. hacer la cama/llamar a un amigo
   No hagas la cama. Llama a un amigo.

9. ser muy aplicado en el colegio/jugar videojuegos
   No seas muy aplicado en el colegio. Juega videojuegos.

12 Imagine that you're the personal trainer of your favorite famous athlete. She or he needs your help to get ready for the next big game or competition. Write out 10 pieces of advice for him or her, using informal commands. Include both positive and negative commands.

MODELO Martina, levanta pesas todos los días. No llegues tarde a la cancha de tenis.

Answers will vary.

TERCER PASO

13 Do you ever have days when everyone is asking you questions and blaming you for something? What are the explanations you usually give? Write an explanation for each of the situations below.

MODELO

¿Por qué no me entregaste la tarea hoy?

Es que la dejé en casa. (Es que no pude hacerla. Fue muy difícil.)

1. 
¿Por qué no lavaste los platos?

Answers will vary.

2. 
¿Por qué no me sacas a pasear?

3. 
¿Por qué no me llamaste el sábado?

4. 
¿Por qué no juegas conmigo?

5. 
¿Por qué llegaste tarde al entrenamiento?

6. 
¿Por qué no sacaste una "A" en el examen?

7. 
¿Por qué no quieres salir con nosotros esta noche?

14 Your Spanish club recently participated in a community walk-a-thon. Using the cues, explain how far each person or group of people was able to walk using the verb **poder** in the preterite.

MODELO Roberto/10 millas
Roberto pudo caminar diez millas.

1. Yo/casi 8 millas
   Yo pude caminar casi ocho millas.
2. Teresa/11 millas
   Teresa pudo caminar once millas.
3. Pablo y Miguel/9 millas cada uno
   Pablo y Miguel pudieron caminar nueve millas cada uno.
4. La profesora Balaguer/7 millas
   La profesora Balaguer pudo caminar siete millas.
5. Tú/8 millas
   Tú pudiste caminar ocho millas.
6. Raquel y Silvia/24 millas en total
   Raquel y Silvia pudieron caminar veinticuatro millas en total.
7. Mi perro Hércules/sólo 4 millas
   Mi perro Hércules sólo pudo caminar cuatro millas.
8. Todos nosotros juntos/más de 90 millas
   Todos nosotros juntos pudimos caminar más de noventa millas.

15 To help you study for the biology test, the professor has given you a review worksheet. Complete the chart by filling in each blank with the appropriate Spanish word for that part of the body. Remember to use the correct definite article.

la cabeza
el hombro
el estómago
el brazo
la muñeca
los dedos
el muslo
la rodilla

el cuello
la espalda
el codo
la pierna
la pantorrilla
el tobillo
los pies

16 **Los Lobos** just played their first intramural soccer game—and it was a disaster! Explain each player's injury or ailment using the vocabulary and expressions on p. 145 of your textbook.

Yolanda
Jaime
Felipe
Carmen

Answers may vary. Sample answer:
Yolanda tiene calambres en la pantorrilla. Jaime se lastimó el brazo/el hombro. Felipe se hizo daño a las piernas. A Carmen le duele el cuello.

17 Give advice to each of the people pictured on p. 145 of your textbook. Use one positive and one negative command to tell each person what to do to feel better.

MODELO *Ana* ¡Ay! Me duele mucho el codo. Creo que me hice daño.
Descansa más. No juegues al tenis por una semana.

1. *Raúl* ¡Uf! No sé qué me pasa, pero me duele mucho la rodilla.
   Answers will vary.

2. *Luisa* Me torcí el tobillo. ¡Qué horrible!

3. *Alex* Me duele el cuello. Creo que me lastimé levantando pesas.

4. *Natasia* ¡Ay! Me lastimé la muñeca durante el entrenamiento de gimnasia.

CAPÍTULO 5 Tercer paso

Nombre ______________ Clase ______________ Fecha ______________

VAMOS A LEER

18 Most teenagers love to sleep—and you probably think you don't get enough sleep! This article is from a Spanish magazine for teens.

Pasamos la tercera parte de nuestra vida durmiendo.

- **Es imposible vivir sin dormir.** Lo mismo que es imposible vivir sin comer o sin beber. Todos los seres humanos, en cualquier lugar de la Tierra, duermen. Unos más y otros menos, unos a unas horas y otros a otras. En cualquier caso, dormir es necesario para seguir viviendo.
- **El ser humano soporta muy mal la falta de sueño.** Si una persona no duerme durante más de 24 horas seguidas°, se vuelve° nerviosa e irritable. Su capacidad de atención se reduce bastante, puede empezar a sentir temblores musculares y disminuye su memoria.
- **Si pasamos una tercera parte de nuestra vida durmiendo**, quiere decir que una persona de 60 años ha pasado 20 años dormida.
- **La necesidad de sueño depende de la edad.** Por lo general, un adulto duerme entre 7 y 8 horas cada noche. Los bebés duermen una media de 16 horas al día, los niños duermen entre 10 y 12 horas. Los adolescentes necesitan dormir muchas horas porque su cuerpo está experimentando° múltiples cambios. Sin embargo, entre los deberes y las salidas con los amigos, por lo general, no duermen más que un adulto. Y las personas mayores, a partir de los 50 años, duermen menos. Se despiertan varias veces durante la noche y se despiertan cada vez más temprano por la mañana.
- **La necesidad de sueño también depende de la persona.** Entre los adultos, hay "dormilones"° que necesitan más de 9 horas de sueño (entre un 10 y 15% de la población). También hay unos pocos (un 5% de personas) que están bien con 6 horas de sueño e incluso con 4. Napoleón, por ejemplo, era del segundo grupo, de los que no duermen mucho. En cambio, Albert Einstein dormía 10 horas seguidas.
- **El insomnio es la enfermedad del sueño más frecuente.** Las personas que padecen del° insomnio tienen dificultades para dormir. La mayoría de las veces, el insomnio se debe a un cambio importante en la vida, al estrés, a un dolor físico, y se cura fácilmente. Para evitar el insomnio, no comas mucho por la noche y no hagas ejercicio muy tarde. No duermas en habitaciones con temperaturas elevadas.
- **El sonambulismo.** Los sonámbulos son las personas que, mientras duermen, se levantan y empiezan a caminar. Cuando se despiertan, no se acuerdan de su "vida nocturna". El sonambulismo es más frecuente entre los chicos y los adolescentes. En España, un 15% de los niños y adolescentes son sonámbulos, pero en la mayoría de los casos desaparecen en la etapa de la pubertad.
- **Los animales y el sueño.** Aunque se dice "duermes como un lirón",° sería más exacto decir "duermes como un murciélago".° Lee los siguientes datos:

***El caballo° y la vaca°:** 5-6 horas	***El lirón:** 12-14 horas
***El elefante:** 6 horas	***El gato:** 14 horas
***El hombre:** 7-8 horas	***El armadillo:** 18 horas
***La paloma°:** 10 horas	***El murciélago:** 20 horas

seguidas *straight*	**dormilones** *sleepyheads*	**lirón** *doormouse*	**vaca** *cow*
se vuelve *becomes*	**padecen del** *suffer from*	**murciélago** *bat*	**paloma** *dove*
está experimentando *is experiencing*		**caballo** *horse*	

a. Look at each subtitle and skim through each section to get an idea of its content. In which section would you expect to find information about the following?

1. the amounts of sleep different people need
   the section titled "La necesidad de sueño depende de..."
2. what happens when someone doesn't sleep
   the section titled "El ser humano soporta muy mal la falta de sueño"
3. how much humans sleep compared to animals
   the section titled "Los animales y el sueño"

b. In English, in your own words, summarize what the article says about the following.

1. the hours of sleep needed by a baby vs. the hours needed by a teenager
   Babies need more sleep than teenagers, but teenagers don't get enough sleep.
2. how to avoid insomnia
   To avoid insomnia, don't eat or exercise before going to bed, and sleep in a cool room.
3. what happens if you go a day without sleeping
   You will become nervous and you will have problems with memory and concentration.
4. what happens when someone sleepwalks
   A sleepwalker stays asleep but gets up and walks around.

CULTURA

19 In the **Nota cultural** on p. 141 of your textbook, you read about snacking in Spanish-speaking countries. Below are descriptions from four Spanish-speaking teenagers about **la merienda**. Read each one, then answer the questions which follow.

ligera	*light*
manteca	*butter*
fiambre	*coldcuts*

Irina—Uruguay

Para nosotros, la merienda es lo que comen los niños pequeños que van a la escuela, lo que llevan a comer al mediodía. Para los adultos, hablamos del café o del té y de tomar el té en vez de la merienda. En general, el café o el té es la comida entre las cinco y seis de la tarde. Es una comida muy ligera°. Se toma café o té, y se come cosas como pan tostado con manteca° o con queso, galletitas, a veces una torta. Depende de la familia también, pero por lo general no se come ni carne, ni fiambre°, ni fruta en el té.

Ricardo—El Salvador

Para nosotros, la merienda es una comida pequeña de los niños que van a la escuela. Puede ser leche y pan dulce o algo así. A las cuatro o cinco de la tarde, cuando los niños regresan del colegio, se toma el café en casa. Se come pan dulce, tostados, quesadillas. Las quesadillas no son como las mexicanas. Son como pan dulce con queso y mantequilla. Son muy ricas.

maíz	*corn*

Serafina—México

Una cosa típica que se come en México es el elote. Es maíz° tostado que se vende en la calle y en los mercados. También se venden helados muy buenos, de fruta—de piña, de mango, de todo. La gente come eso más que nada en el verano. También es común tomar algo a las cinco o seis de la tarde. Se toma leche o café y cosas como galletas o sándwiches.

se suele	*it's usual to...*
mariscos	*seafood*
saladas	*salty*
aceitunas	*olives*
champiñones al ajillo	*mushrooms sauteéd in garlic*
jamón serrano	*cured ham*

Isa—España

En España la merienda es la comida que se hace por la tarde, como a las cinco o seis de la tarde. Se toma café o té o chocolate, o los niños toman leche, y se come cosas como galletas, pan con mantequilla y mermelada, etc. O si sales por la tarde puedes merendar en una pastelería, como un helado o un pastel. En la merienda se suele° comer cosas dulces. Más tarde, alrededor de las siete u ocho, la gente va de tapas, que es ir a tomar algo en un bar, antes de cenar. Las tapas son cosas como un bocadillo, o queso, o mariscos°. Son saladas° más que dulces, como las aceitunas°, los champiñones al ajillo°, el jamón serrano°, y así.

1. What sorts of foods and drinks are considered "snack food" by these people? Are there any things that are common to all 4 countries?
   Answers will vary; students can mention bread, cookies, sandwiches, toast, ice cream, etc. Common foods and drinks include coffee, tea, milk, bread or toast with butter and jam; sandwiches; cookies; some sort of pastry.

2. How does "snack time" in Spanish-speaking countries compare to your own? (more/less healthy, more/less varied, more/less quantity, etc.)
   Answers will vary.

3. When do you usually eat a snack?
   Answers will vary.

4. What are your favorite snack foods?
   Answers will vary.

CAPÍTULO 6

Nombre ______________ Clase ______________ Fecha ______________

De visita en la ciudad

DE ANTEMANO

1 Lee el menú del restaurante "tex-mex". Imagínate que estás cenando con un grupo de familia o amigos. ¿Qué recomiendas para cada uno? Explica qué debe pedir cada persona, según el gusto *(according to the taste)* de cada cual *(each one)*.

MODELO mi papá
Para mi papá, recomiendo las enchiladas de camarón. A él le gustan mucho los mariscos.

Huachinango *Snapper*

Casa del Sol

Antojitos
Nachos de frijoles y queso $4.50
Chile con queso "Casa del Sol" $3.95
Quesadillas $5.95

Ensaladas y Sopas
Ensalada de guacamole $2.95
Sopa de tortilla $3.50
Sopa de pollo $4.25

Platillos Tex-Mex (se sirven con arroz y frijoles)
Carne guisada $8.25
Tacos de res o pollo (3) $4.95
Enchiladas verdes (3) $6.95
Enchiladas de queso (3) $5.95
Burrito (de res o de pollo) $5.75

Especialidades del mar
Camarones "Casa del Sol" $14.95
Enchiladas de camarón con salsa ranchera $10.25
Huachinango° "Casa del Sol" $12.95

Postres
Flan de coco $2.50
Sopapillas $2.95
Sorbete (de mango o piña) $1.25

1. Para mi mejor amigo/a...
Answers will vary.

2. Para mi hermano/a...
____

3. Para mis padres...
____

4. Para mi novio/a...
____

5. Para mis abuelos...
____

6. Para mí...
____

PRIMER PASO

2 Completa el crucigrama según las pistas *(clues)* abajo, usando el nuevo vocabulario en la p. 163 de tu libro de texto.

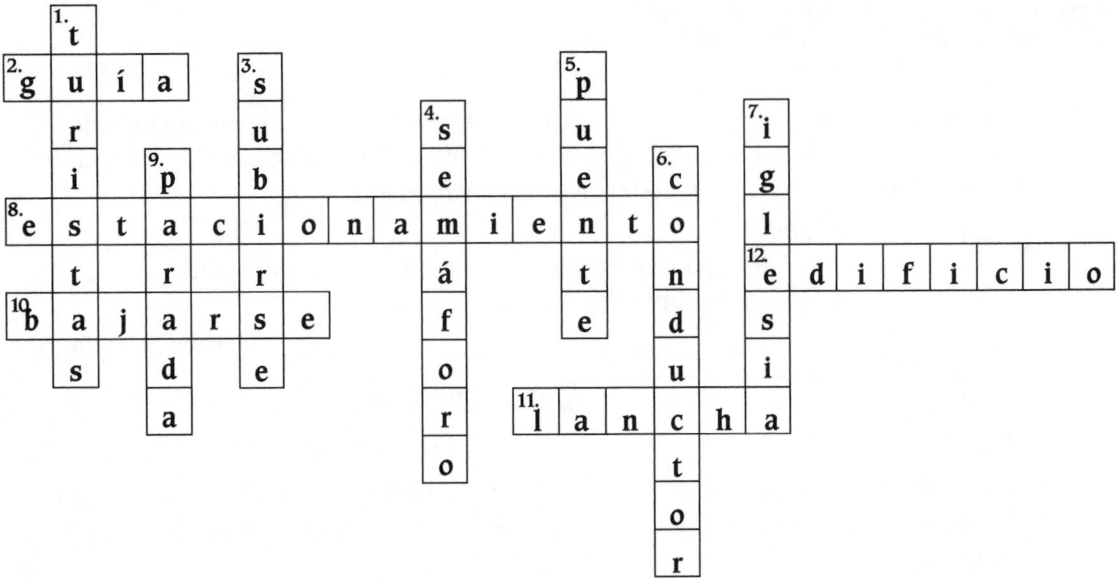
1. turistas
2. guía
3. subirse
4. semáforo
5. puente
6. conductor
7. iglesia
8. estacionamiento
9. parada
10. bajarse
11. lancha
12. edificio

1. Las personas que vienen a visitar una ciudad o un lugar: ______
2. La persona que conoce bien una ciudad y que ayuda a los turistas: ______
3. La acción de entrar al autobús: ______
4. Está en la calle y es rojo, amarillo y verde: ______
5. Esta cosa va de un lado del río al otro: ______
6. La persona que conduce *(drives)* el taxi o el autobús: ______
7. Un lugar para las ceremonias religiosas: ______
8. El lugar donde hay muchos carros: ______
9. El lugar donde esperas el autobús: ______
10. La acción de salir del autobús: ______
11. Un tipo de barco *(boat)* pequeño: ______
12. Un lugar donde viven o trabajan personas: ______

3 Imagine that someone from another country will be visiting your area. Write a description of at least five places to visit and things to do.

¿Por qué no vas a...? Te gustaría ir a/ver... Debes/Deberías ir a (visitar) ...

Answers will vary.

____

____

____

____

4 Imagínate que eres guía para los nuevos estudiantes de tu colegio. Contesta sus preguntas por escrito, basado en tu propia experiencia. En tus respuestas, usa las expresiones en **Así se dice** en la p. 164 del libro de texto.

MODELO Perdona, ¿me podrías decir dónde está la pista de correr?
Sí, claro. Está detrás del edificio "A", al lado del gimnasio.

Answers will vary. Possible answers:

1. ¿Sabes si hay una papelería por aquí?
Sí, claro, hay una en la calle Central.

2. ¿Me puedes decir dónde está la parada de autobuses?
Por supuesto. Está enfrente del colegio, al lado del letrero.

3. ¿Sabes cuándo empieza la primera clase del día?
Sí, cómo no. Empieza a las 8:05 de la mañana.

4. Perdona, ¿sabes cuánto cuestan las comidas en la cafetería?
Lo siento, no estoy seguro/a.

5. ¿Me puedes decir dónde está el estacionamiento para los estudiantes?
Sí, claro, está detrás del edificio "B", al lado de las canchas de tenis.

6. ¿Sabes si sirven el desayuno en la cafetería?
Lo siento, no tengo ni idea.

7. Disculpa. ¿Me puedes decir dónde están los baños?
Sí, por supuesto. Están allí enfrente.

5 Teresa y su hermana Elena ganaron un viaje para dos en un concurso *(contest)* de radio. Pero todavía no decidieron adónde ir ni qué hacer. Completa el párrafo con las formas correctas del verbo ***saber.***

Pues, Elena ya **1.** **sabe** adónde quiere ir: al Caribe. Claro, como ella **2.** **sabe** nadar y hacer el esquí acuático tan bien, prefiere ir a la playa. Personalmente, yo no **3.** **sé**. Creo que me gustaría hacer un viaje por las grandes ciudades de Europa. Elena **4.** **sabe** francés, y yo **5.** **sé** un poco de italiano, y las dos **6.** **sabemos** español, claro. Nosotras no **7.** **sabemos** si debemos hacer el viaje durante las vacaciones en diciembre, o esperar hasta el verano. Y yo no **8.** **sé** si nuestros padres nos van a permitir ir solas. Ellos dicen que **9.** **saben** que somos responsables y serias, pero todavía están preocupados. ¿Y **10.** **saben** Uds. algo? A veces, ganar un premio es un problema.

6 Sometimes people learning Spanish have trouble with the Spanish verbs **saber** and **conocer** because the English language has only one verb, *to know.* Decide which Spanish verb to use in the following situations, and explain your answers.

Would you use **saber** or **conocer** to ask someone if she or he...

1. knows when the tejano concert starts? **saber/*fact***
2. knows a good Tex-Mex restaurant nearby? **conocer/*familiarity***
3. knows when the tour bus leaves? **saber/*fact***
4. knows the new Spanish teacher? **conocer/*person***
5. knows how to make tamales? **saber (+infinitive)/*knowing how to do something***
6. knows downtown San Antonio well or not? **conocer/*familiarity***
7. knows how much a boat trip on the Riverwalk costs? **saber/*fact***

7 Yolanda y Roberto viven en Dallas, pero están de visita en San Antonio, en casa de su prima Mercedes. Están hablando de una excursión que van a hacer esta tarde. Completa su conversación con las formas correctas de los verbos **saber** o **conocer,** según el contexto.

MERCEDES Bueno, ¿ya **1.** **saben** Uds. adónde quieren ir esta tarde?

ROBERTO Yo, sí. Me gustaría ver las misiones. Un chico que Yoli y yo **2.** **conocemos** de Dallas las vio el año pasado. Él dice que son muy interesantes.

MERCEDES ¿Qué dices tú, Yoli?

YOLANDA Sí, vamos a las misiones. Yo **3.** **sé** muy poco de la historia de los españoles en esta región.

MERCEDES Pues, muy bien. Yo **4.** **sé** que las misiones están abiertas todo el día, así que podemos ir ahora mismo si quieren.

ROBERTO Sí, vámonos.

YOLANDA Oye, antes de irnos, tengo que comprar película para mi cámara. Mercedes, ¿**5.** **sabes** si hay una tienda por aquí?

MERCEDES Sí, hay una tienda en la esquina. Podemos pasar por allí ahora.

ROBERTO ¿Y **6.** **sabes** cómo llegar a las misiones? ¿No necesitas un mapa?

MERCEDES Ah, buena idea. **7.** **Conozco** bastante bien la ciudad, pero no **8.** **sé** exactamente dónde están las misiones.

SEGUNDO PASO

8 Imagina que estás planeando una excursión a tu ciudad favorita con un grupo de parientes y amigos. Explica los gustos de cada persona de tu grupo usando los posibles lugares y el modelo.

el jardín botánico
la misión
el estadio
el mercado
el parque
el parque zoológico
el museo
el teatro
el río
el café

MODELO mi hermanita
A mi hermanita le gustaría ir al parque zoológico y ver los tigres. A ella le encantan los tigres y los leones.

1. mis padres
   Answers will vary.
2. mi mejor amigo/a y yo
3. mis compañeros de la clase de español
4. mi hermano/a

9 Imagina que trabajas con un grupo de arquitectos para diseñar *(to design)* la ciudad ideal del futuro. Haz un dibujo de tu ciudad ideal. Incluye por lo menos diez lugares y explica en el dibujo dónde están.

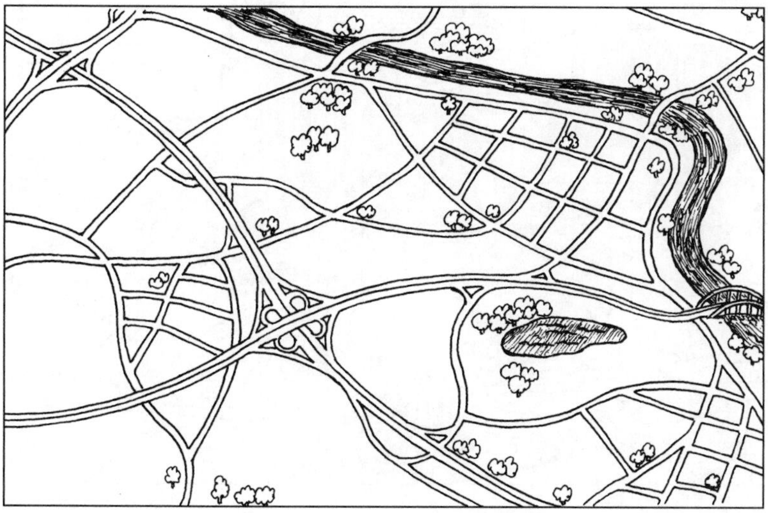

Answers will vary.

Nombre ______________________ Clase ____________ Fecha ____________

10 Complete the following sentences about a train trip. Use the vocabulary on page 169 of your textbook.

1. ¡Taxi! Necesito ir rápido a la **estación de tren**. El tren sale en 20 minutos.
2. ¿Cuánto cuesta un **boleto** de segunda clase a Segovia, por favor?
3. Si piensa regresar esta semana, es más barato un boleto de **ida y vuelta**.
4. ¿Cuántos **pasajeros** van a hacer el viaje hoy?
5. La señora en la **taquilla** le puede informar sobre los precios.
6. El tren a Segovia está en el **andén** número cuatro.
7. Tenemos muchas maletas. ¿Hay un **maletero** que nos puede ayudar?
8. ¡Tenga cuidado! ¡No hay que caminar sobre las **vías**!

11 Lupe got a map as a souvenir from San Antonio. According to the route marked on Lupe's map, explain where she went, in what order, and what she did at each place. Use the expressions in the **Así se dice** on p. 168 of your text.

MODELO Para comenzar, Lupe fue con su primo Pedro al zoo. Luego...

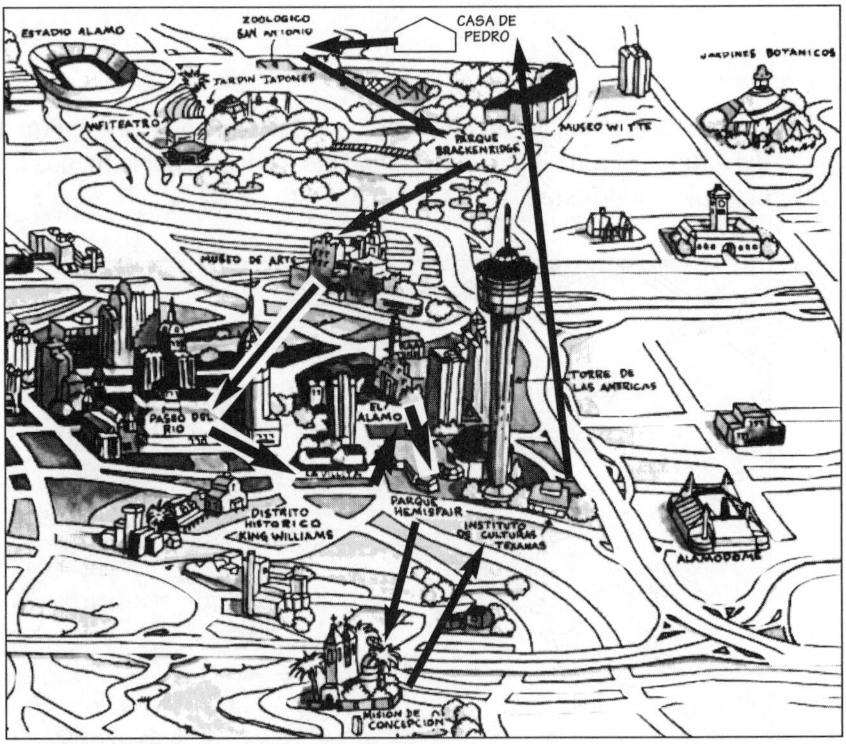

ESTADIO ALAMO
ZOOLOGICO SAN ANTONIO
CASA DE PEDRO
JARDINES BOTANICOS
JARDIN JAPONES
ANFITEATRO
MUSEO WITTE
PARQUE BRACKENRIDGE
MUSEO DE ARTE
TORRE DE LAS AMERICAS
PASEO DEL RIO
EL ALAMO
LA VILLITA
PARQUE HEMISFAIR
DISTRITO HISTORICO KING WILLIAMS
INSTITUTO DE CULTURAS TEXANAS
ALAMODOME
MISION DE CONCEPCION

Answers will vary.
Possible answer:
Para comenzar, Lupe fue con su primo Pedro al zoo. Luego, fueron al Parque Brackenridge. Después, visitaron el Museo de Arte. Después, caminaron por La Villita. Lupe compró unos regalos para sus padres en México. También almorzaron en un restaurante en el centro. Por la tarde, después de comer, visitaron el Álamo y el Parque Hemisfair.

Nombre ______________________ Clase __________ Fecha __________

12 Un grupo de estudiantes norteamericanos hizo un viaje al Yucatán en México. Mira los dibujos y explica qué hicieron los estudiantes y qué pasó en su viaje. Usa las expresiones con cada dibujo y añade *(add)* otra información si quieres.

MODELO

llegar al aeropuerto, conocerse

Para comenzar, los estudiantes llegaron al aeropuerto de Houston. Se conocieron y hablaron del viaje.

Answers will vary. Possible description:

Houston Airport

subirse al avión, sentarse

A continuación, se subieron al avión y se sentaron. El vuelo salió a las dos en punto.

llegar a Mérida, ir al hotel, conocer a los guías

Cuando llegaron a Mérida, fueron a un hotel de dos estrellas. Luego, conocieron a los guías.

ver las pirámides, leer sobre la civilización maya

El próximo día, vieron las pirámides y leyeron sobre la civilización maya.

sacar muchas fotos, aprender mucho

Los estudiantes sacaron muchas fotos y aprendieron mucho.

comer en un restaurante mexicano

Por la noche, comieron en un restaurante mexicano y escucharon un poco de música mariachi. Comieron muchos tacos y enchiladas.

hacer un recorrido por Mérida, divertirse

Por la tarde, unos estudiantes hicieron un recorrido por Mérida. Caminaron y se divirtieron mucho.

Nombre ______________________ Clase ______________ Fecha ______________

TERCER PASO

13 Imagínate que estás cenando en un restaurante cubano de Miami con unos amigos. Contesta las preguntas del camarero y de tus amigos por escrito, con base en el menú.

SOPAS
Frijoles Negros 2.00
Sopa de Pollo 1.50
Sopa de Cebolla 2.50

ENSALADAS
Ensalada César 4.00
Ensalada Mixta 2.50
Lechuga y Tomate 1.50
Ensalada de Frutas Naturales 6.00

CARNES
Ropa Vieja 7.50
Arroz Blanco y Plátanos Maduros
Bistec Milanesa 9.50
Arroz Blanco y Frijoles Negros
Bistec Empanizado 9.50
Arroz Blanco, Frijoles, y Plátanos Maduros
Riñonada (16 oz.) N.Y. Sirloin
Papas Fritas o Plátanos 13.00
Arroz Blanco, Frijoles Negros, y Plátanos 15.00
Filet Mignon con Salsa Champigñon 14.00
Ensalada y Papas Fritas

PUERCO
Costillas de B.B.Q 7.00
Ensalada y Plátanos Maduros
Lechón Asado y Deshuesado 8.00
Arroz Blanco, Ensalada y Plátanos
Chuletas de Puerco 8.00
Papas Fritas y Plátanos

POLLO
Pollo Frito 5.00
Papas Fritas o Plátanos
Pollo B.B.Q. 5.00
Papas Fritas o Plátanos
Pechuga de Pollo a la Milanesa 6.50
Arroz Amarillo y Plátanos Maduros

PESCADO
Filete de Pescado Empanizado 7.50
Camarones de Ajillo 9.00
Arroz y Plátanos
Pescado del Día Grille 7.00
Papas Majadas y Vegetales
Paella Valenciana (mínimo 2 personas) 28.00

Preguntas del camarero:

1. ¿Ya sabe usted qué va a pedir?
   No, todavía no. ¿Qué me recomienda?
2. ¿Qué le traigo de tomar?
   Para mí, un té frío/una limonada.
3. ¿Qué desea usted de postre?
   Por favor, me trae un helado.
4. ¿Algo más?
   Sí, me trae la cuenta, por favor.

Preguntas de tus amigos:

5. ¿Qué vas a pedir?
   Creo que voy a pedir el pollo. El pollo aquí es delicioso.
6. No conozco este restaurante. ¿Qué me recomiendas?
   Te recomiendo la sopa de frijoles negros y el bistec.

Nombre ______________________ Clase ______________ Fecha ______________

14 It's Luisa's first day waiting tables at a local Tex-Mex restaurant. You're being patient with her, but she's gotten everyone's order at your table mixed up. Help her out by explaining who ordered what, following the model.

MODELO Carlos/las fajitas
Carlos pidió las fajitas.

Mi Tierra	**Mesa** 14 / **Núm** 9
caldo de pollo	1
sopa de tortilla	1
quesadillas	2
enchiladas suizas	2
chiles rellenos	2
fajitas	1
arroz a la mexicana	9
enchiladas verdes	1
carne guisada	1

1. Yo/las enchiladas verdes
Yo pedí las enchiladas verdes.
2. Susana y Lourdes/los chiles rellenos
Susana y Lourdes pidieron los chiles rellenos.
3. Martín y yo/las quesadillas
Martín y yo pedimos las quesadillas.
4. Jesús/el caldo de pollo
Jesús pidió el caldo de pollo.
5. Fernando/la sopa de tortilla y la carne guisada
Fernando pidió la sopa de tortilla y la carne guisada.
6. Todos nosotros/el arroz a la mexicana **Todos nosotros pedimos el arroz a la mexicana.**
7. Mercedes y Anita/las enchiladas suizas **Mercedes y Anita pidieron las enchiladas suizas.**

15 Rebeca y Anita están en una fiesta de cumpleaños. ¿Quién trajo qué cosa a la fiesta? Llena los blancos con la forma correcta del verbo **traer** en el pretérito.

FELIZ CUMPLEAÑOS
PEPE

REBECA Mmm...mira los tamales. ¿Quién los 1. **trajo**? ¿Los 2. **trajiste** tú, Anita?

ANITA No... Tomás y Sofía los 3. **trajeron**. Yo 4. **traje** el flan de coco.

REBECA Qué maravilla. Y Gilberto 5. **trajo** el agua de piña, ¿verdad?

ANITA Sí. Parece que está todo, pero ... no veo los platos ni los vasos.

REBECA No te preocupes. Sara y yo los 6. **trajimos**. Están en la cocina.

ANITA Pues, ¿qué esperamos? ¡A comer!

16 Anoche Fernando hizo una fiesta en su casa. Hoy tiene un problema: ¡los invitados *(guests)* dejaron varias cosas y ya no recuerda quién trajo qué cosa! Contesta las preguntas de Fernando según la información entre paréntesis.

MODELO ¿Y las servilletas?/(Estela)
Estela las trajo.

1. ¿Y el estéreo?/(Teresa) **Teresa lo trajo.**
2. ¿Y el helado?/(Martín y yo) **Martín y yo lo trajimos.**
3. ¿Y los refrescos?/(Jaime e Isa) **Jaime e Isa los trajeron.**
4. ¿Y las galletas?(la señora Dávila) **La señora Dávila las trajo.**
5. ¿Y los cassettes?/(todos nosotros) **Todos nosotros los trajimos.**
6. ¿Y las enchiladas?/(mis padres) **Mis padres las trajeron.**
7. ¿Y la salsa?/(yo) **Yo la traje.**

17 Imagine that a friend visiting from out of town has asked about places to eat in your area. Give him or her five or six recommendations of different dishes to order—or not to order—in a restaurant or restaurants you know pretty well. Explain what these dishes are like.

MODELO **Creo que debes ir a "La Góndola". Es mi restaurante favorito. Allí sirven una lasaña muy sabrosa. Pero no recomiendo los postres. No son muy dulces.**

Answers will vary.

Nombre ______________________ Clase ______________ Fecha ______________

VAMOS A LEER

18 a. This reading, "**Servicios a bordo**," describes services offered on the high-speed AVE trains from Madrid to Seville. You may not have taken a long train trip before, but you may have traveled by plane or a bus. What kinds of services (food, movies) were available? Use that background information to predict what you might find in this listing.

Answers will vary.

Trenes de
ALTA VELOCIDAD
EL ESTILO DE
VIAJAR
AVE

S[redacted]CIOS
A[redacted]RDO

ASEO BEBES
Situado en AVE, en el coche R8 y equipado con los elementos necesarios para cambiar pañales y calentar biberones.

ASISTENCIA A MINUSVALIDOS (**)
Existen 2 plazas especificamente diseñadas en Club y en Turista, junto a un aseo acondicionado para ello. Al solicitar su billete deberá indicar su condición de minusválido.

ATENCION A LOS NIÑOS (*) y (**)
Los niños de 4 a 11 años que viajen solos merecerán por parte de la tripulación, una especial atención durante el viaje.

AUDIO/VIDEO (*)
Todos los viajeros disponen de un canal de video y de cuatro canales de música. Los auriculares se distribuyen gratuitamente entre la totalidad de los viajeros.

DEPARTAMENTOS FAMILIARES (**)
Facilitan el ambiente en grupo, situados en el coche R8-Turista. Zonas dotadas de mesas con tablero de juegos.

PASATIEMPOS NIÑOS (*)
A los niños que lo soliciten, se les entregará una bolsa contenedora de juegos.

PRENSA DIARIA (*)
Se ofrece sin cargo adicional en las clases Club y Preferente, cualquiera que sea el trayecto y horario.

RESTAURACION (*) y (**)
Se ofrece en la plaza, sin cargo adicional y de acuerdo con el horario del viaje, entre Puertollano-Córdoba o vv. Además los trenes AVE, Lanzadera y Talgo disponen de Bar/Cafetería.

TELEFONOS
Cabinas situadas a lo largo del tren. Pueden utilizarse mediante tarjetas de pasos telefónicos, que podrá adquirir en el coche cafetería.

b. What services does the AVE train offer that would interest the following people?

1. Señor and Señora Urrutia are worried about traveling with their baby.
   The train has special changing rooms for babies.
2. Jaime Ferrat is a stockbroker and needs to see the latest financial reports in the papers.
   There are telephones and newspapers on the trains.
3. Blanca Ybarra wants to get a meal during her trip.
   There is a cafeteria on the train.
4. Lourdes Guzmán is always nervous when she travels, but listening to classical music helps her relax.
   She can listen to music or watch TV on the train.

CULTURA

19 As you read in **Vamos a leer** on pp. 176–177 of your textbook, San Antonio has a rich Mexican-American heritage and culture. Each of the items listed below should remind you of something you read about San Antonio. Can you match each item with its correct definition?

__d__ 1. Tex-Mex

__f__ 2. más de una persona en cada cinco

__b__ 3. el Jardín Zoológico de San Antonio

__e__ 4. una de las montañas rusas más rápidas del mundo

__c__ 5. veintiocho

__a__ 6. la Plaza HemisFair

__h__ 7. réplica de un pueblo fronterizo del Viejo Oeste

__g__ 8. Nuestra Señora de la Purísima Concepción

a. lugar en el centro de San Antonio donde juegan los Spurs
b. el tercer zoológico en tamaño en América del Norte
c. el número de culturas étnicas que formaron el estado de Texas
d. un tipo de comida que es una mezcla de la cocina mexicana norteña y la cocina de Texas
e. máquina en un parque de atracciones cuya velocidad excede los 115 kilómetros por hora
f. el número de personas que hablan español en San Antonio
g. una misión franciscana que forma parte de un parque nacional en San Antonio
h. una de las atracciones culturales de Fiesta, Texas

20 As you read in the **Panorama cultural** on p. 171 of your textbook, Spanish-speaking teenagers all over the world get around in different ways. Answer the questions below to see how what you do compares to what they do.

1. Típicamente, ¿cómo llegas al colegio?
   Answers will vary.
   ____

2. Cuando sales con amigos, ¿cómo van ustedes? ¿Adónde van Uds.?
   ____
   ____

3. ¿Ya sabes conducir? Para ti, ¿es importante saber conducir y tener coche?
   ____
   ____

4. Para ir al cine, al supermercado, o de compras, ¿cómo vas?
   ____
   ____

CAPÍTULO 7

Nombre ______________________ Clase ______________ Fecha ______________

¿Conoces bien tu pasado?

DE ANTEMANO

1 a. Can you fill in all the missing branches on Nélida's family tree, based on the clues below? Hint: If the name boxes are joined at the top, the two people are siblings. If they are joined at the side, with a horizontal line, the two people are married. Pay attention to gender!

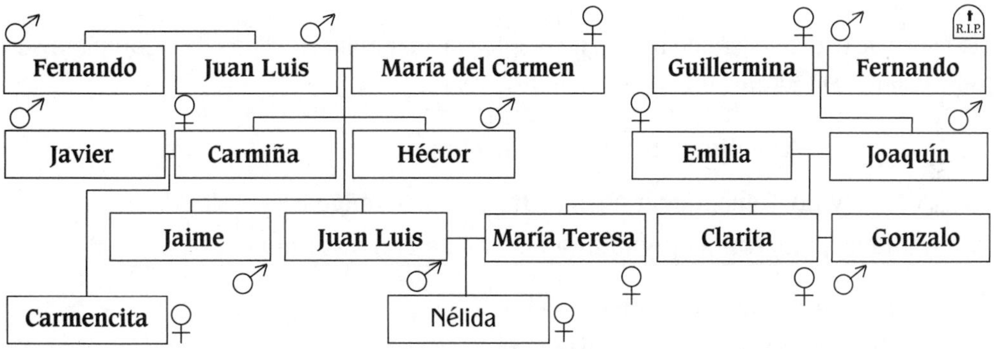

Fernando
Juan Luis
María del Carmen
Guillermina
Fernando
R.I.P.
Javier
Carmiña
Héctor
Emilia
Joaquín
Jaime
Juan Luis
María Teresa
Clarita
Gonzalo
Carmencita
Nélida

1. Mi mamá se llama María Teresa. Su hermana mayor se llama Clarita.
2. Clarita está casada con mi tío Gonzalo.
3. Ahora los padres de mi mamá, Emilia y Joaquín, viven con Clarita y Gonzalo en San Antonio.
4. La mamá de Joaquín se llama Guillermina. ¡Ella tiene 90 años! Su esposo, Fernando, está muerto.
5. Mi papá se llama Juan Luis, igual que su padre.
6. Mi papá tiene tres hermanos—dos hermanos y una hermana. La hermana se llama Carmiña. Los hermanos se llaman Héctor y Jaime.
7. Carmiña está casada con Javier, y tienen una hija, Carmencita.
8. El padre de mi padre tiene un hermano; se llama Fernando.
9. María del Carmen es la madre de Carmiña, Héctor, y Jaime.

2 En la fotonovela, Rogelio habla con el tío Martín sobre qué les gustaba hacer a todos cuando eran jóvenes. Indica si las frases son **ciertas** o **falsas**, y corrige las falsas.

1. A la mamá del tío Martín le gustaba trabajar en el jardín.

   cierto

2. A su hermano Rogelio no le gustaban los deportes.

   falso. A Rogelio le gustaba correr y competir con Martín.

3. Al tío Martín no le gustaba ir a la playa.

   falso. Le gustaba ir a la playa con la familia.

Nombre ______________________ Clase ______________ Fecha ______________

PRIMER PASO

3 ¿Era tu vida muy diferente en el pasado? Completa las frases sobre qué hacías en el pasado y qué haces ahora. **Answers will vary.**

1. Ahora vivo en ______________, pero cuando era muy joven, vivía en ______________.
2. De niño/a, me gustaba ______________. Ahora me gusta ______________.
3. Cuando tenía 10 años, quería ser ______________. Ahora quiero ser ______________.
4. De pequeño/a, jugaba ______________. Ahora juego ______________.
5. De niño/a, mi programa favorito era ______________. Ahora es ______________.

4 Tío Martín le está explicando a Rogelio qué hacía su familia en el pasado. Completa sus frases usando la forma correcta del imperfecto.

MODELO Abuelita/cantar en la cocina
Abuelita cantaba en la cocina.

1. Abuelo y tío Tomás/jugar a las cartas con sus amigos
   Abuelo y tío Tomás jugaban a las cartas con sus amigos.
2. Mi hermano y yo/no estudiar mucho
   Mi hermano y yo no estudiábamos mucho.
3. La prima Yolanda/hablar con sus amigas
   La prima Yolanda hablaba con sus amigas.
4. Mis hermanas Carmen y Sara/cuidar a los niños pequeños
   Mis hermanas Carmen y Sara cuidaban a los niños pequeños.
5. Yo/tocar la guitarra en las fiestas
   Yo tocaba la guitarra en las fiestas.

5 Ahora la tía Lucila está hablando con Rogelio y el tío Martín sobre cuando eran niños. Completa su descripción con la forma correcta del imperfecto de los verbos entre paréntesis.

Bueno, recuerdo que nosotros **1.** (vivir) **vivíamos** en una casita blanca en San Juan. Después de clases, mis hermanos y yo **2.** (correr) **corríamos** para casa. Cuando yo **3.** (volver) **volvía** de clases, **4.** (querer) **quería** comer algo. ¡Siempre **5.** (tener) **tenía** hambre! Nosotros **6.** (comer) **comíamos** con mamá en la cocina. Y después, yo **7.** (hacer) **hacía** mis deberes. Nosotros **8.** (escribir) **escribíamos** composiciones en francés. Después de estudiar, nosotros **9.** (poder) **podíamos** jugar. Yo **10.** (salir) **salía** con mis amigas. Cuando **11.** (llover) **llovía**, mis hermanos y yo **12.** (leer) **leíamos** en casa.

6 Mira los dibujos y explica si te gustaba hacer estas cosas de niño/a o no, y por qué. Usa las expresiones en **Así se dice** en la p. 198 del libro de texto.

MODELO

bañarse

Cuando era pequeña, odiaba bañarme. Prefería jugar con mis amigos afuera.

Answers will vary. Possible answers:

1. 

comer verduras

No me gustaba comer verduras. Odiaba el brócoli.

2. 
ESCUELA

ir al colegio

Me gustaba bastante ir al colegio. Me caía muy bien mi maestra en el primer año escolar.

3. 

tomar siestas

Odiaba tomar siestas. Me parecía estúpido y aburrido.

4. 

comer dulces

Me encantaba comer dulces. Me gustaban mucho las galletas y el helado.

5. 

ir al médico

Me fastidiaba ir al médico. Me asustaba mucho.

6. 

montar en bicicleta

Me encantaba montar en bicicleta. Lo encontraba genial.

7. 

ir al parque de atracciones

Me fascinaba ir al parque de atracciones. Me gustaba ir allí con mis amigos.

8. 

visitar a mis abuelos

Me gustaba mucho visitar a mis abuelos.

9. 

ver los dibujos animados

Los sábados me encantaba ver los dibujos animados.

Nombre ______________________ Clase ______________ Fecha ______________

7 Mira los dibujos y explica qué hacían estas personas de niño/a. Después, indica si tú hacías las mismas cosas o no.

MODELO

Marta
Marta dibujaba y pintaba mucho.
De niño/a, yo pintaba a veces en el colegio.

1. 

Juan Carlos y su perro
Ellos jugaban y paseaban. De niño, yo no tenía un perro.

2. 

Silvia
Silvia visitaba mucho a sus abuelos. De niña, yo visitaba mucho a mis abuelos.

3. 

Esteban y su familia
Ellos iban a la playa y jugaban allí. Nosotros íbamos a la playa los veranos.

4. 

Alicia y sus amigos
Ellos jugaban en el parque. De niño/a, yo jugaba en casa o en casa de mis amigos.

5. 

Carlos
Carlos leía libros cuando era joven. Yo leía mucho cuando era niño/a.

6. 

Tú
Tú saltabas a la cuerda cuando eras niña. Yo jugaba al béisbol cuando era niño/a.

7. 

Elena
Elena nadaba en la piscina cuando era joven. Yo siempre nadaba en el mar.

Nombre ______________________ Clase ____________ Fecha ____________

SEGUNDO PASO

8 ¿Cómo eran estas personas de niño? Con el vocabulario en la p. 202 y otras expresiones que sabes, usa tu imaginación para describir a cada niño.

MODELO  **María era muy consentida. Siempre quería estar con su mamá.**

1 José

2 Alejandra

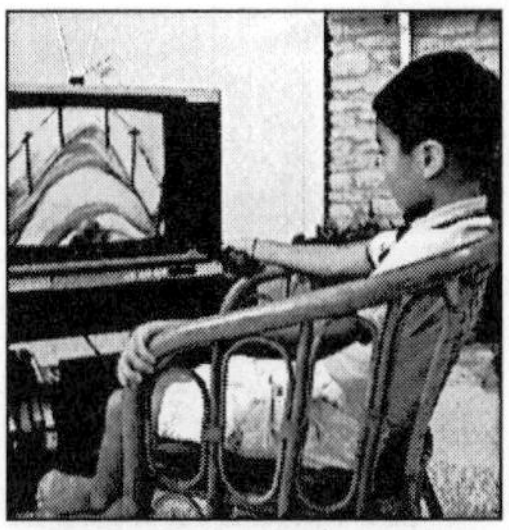

3 Marco

4 Laura

5 Pablo

6 Ana

1. **Answers will vary. Possible answers:**
José era muy atlético. Soñaba con ser un atleta famoso.
2. **Alejandra era solitaria. Le gustaba tocar el piano y leer.**
3. **Marco era aventurero. Le gustaban las películas de terror.**
4. **Laura era muy creativa. Le encantaba escribir poemas.**
5. **Pablo era un poco tímido. Se asustaba cuando paseaba en bicicleta.**
6. **Ana era bondadosa. Siempre compartía todo con sus hermanas.**

Nombre ______________________ Clase ______________ Fecha ______________

9 Durante su entrevista con el tío Martín, Rogelio le pregunta cómo eran las cosas en el pasado. Usa las formas correctas del verbo y adjetivo para completar las frases.

MODELO La casa/pequeño, blanco
En aquella época (En mis tiempos...)
la casa era pequeña y blanca.

Answers may vary.

1. La ciudad de Ponce/tranquilo y bonito
   En mis tiempos, la ciudad de Ponce era tranquila y muy bonita.
2. El colegio/viejo
   El colegio era viejo en aquella época.
3. El tío Rogelio y yo/aventurero
   En mis tiempos el tío Rogelio y yo éramos aventureros.
4. Mamá y la tía Lucila/conversador
   Mamá y la tía Lucila eran muy conversadoras.
5. La prima Teresita/consentida
   La prima Teresita era un poco consentida.
6. Papá/un poco impaciente
   Papá era un poco impaciente.
7. Abuelita/bondadoso
   Abuelita era muy bondadosa.

10 Usa palabras de cada caja para escribir siete frases que describen cómo eran las cosas cuando tú eras niño/a.

Mi casa Yo Mi perro/gato
Mi mejor amigo/a Mi cuarto
Mis padres Mis maestros
Mi escuela primaria

\+ ser +

grande bondadoso feo ¿?
bonito flojo estricto egoísta
consentido generoso aventurero
solitario pequeño conversador

Answers will vary.

11 Completa el crucigrama con las palabras del vocabulario en la página 204 del libro de texto.

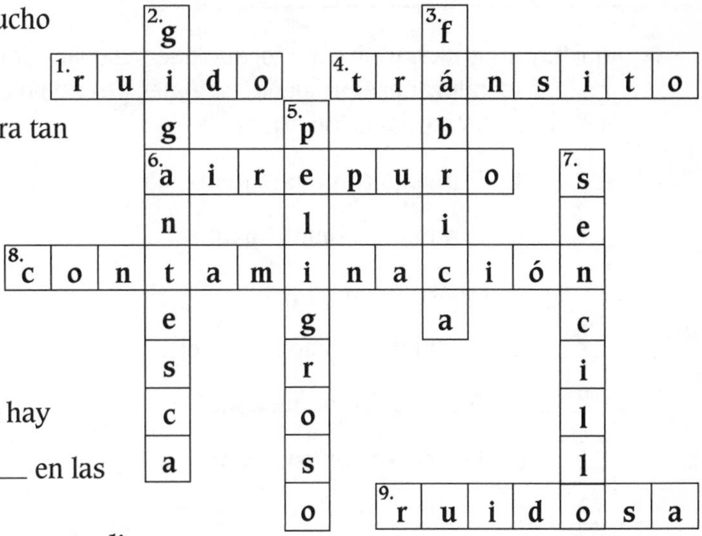
1. ruido
2. gigantesca
3. fábrica
4. tránsito
5. peligroso
6. aire puro
7. sencillo
8. contaminación
9. ruidosa

1. Es difícil dormir cuando hay mucho **ruido**.
2. En el pasado, Los Ángeles no era tan grande. Ahora es una ciudad **gigantesca**.
3. El lugar donde se hacen cosas como zapatos o vasos: **fábrica**.
4. A las cinco de la tarde, siempre hay mucho **tránsito** en las calles.
5. El montañismo es un deporte **peligroso**.
6. Lo contrario de **la contaminación** (dos palabras): **aire puro**
7. En el pasado, la vida no era tan complicada. Todo era más **sencillo**.
8. Un problema del aire, causado por los automóviles y las fábricas: **contaminación**
9. Una motocicleta es más **ruidosa** que una bicicleta.

12 ¿Cómo era tu cuarto cuando eras pequeño/a? ¿Ahora es muy diferente tu cuarto? Primero explica cómo era tu cuarto, qué había allí y qué tenías cuando eras niño/a. Luego, describe cómo es tu cuarto ahora. Escribe por lo menos siete frases.

MODELO **Tenía muchos juguetes en mi cuarto cuando era niño/a. Había unos carritos...**

> *Un poco más...*
> **los animales de peluche** *stuffed animals*
> **la cuna** *crib*
> **la muñeca** *doll*
> **el tarugo** *wooden block*
> **el triciclo** *tricyle*

Answers will vary.

Nombre ______________________ Clase ______________ Fecha ______________

TERCER PASO

13 Aquí hay unos dichos en español que puedes usar para describir a otras personas. ¿Puedes identificar el equivalente en inglés de cada dicho? *OJO*: Recuerda que unos dichos no tienen traducción exacta.

f 1. Tan sana como una manzana.
e 2. Tan bueno como el pan.
h 3. Comer como un lobo.
g 4. Tan mansa como una oveja.
d 5. Tan lerdo como un asno.
c 6. Tan bravo como un león.
a 7. Tan loco como una cabra.

a. as crazy as a loon
b. as quick as a rabbit
c. as brave as a lion
d. as dumb as an ox
e. as good as gold
f. as healthy as a horse
g. as gentle as a lamb
h. to eat like a horse

14 Your grandfather enjoys talking about the way things used to be. Make a comparison between your life and his for each of his statements, using the underlined words and **tanto/a/os/as** + *noun* + **como**.

MODELO Abuelo "Cuando yo iba al colegio, tenía tres horas de tarea todas las noches". (tarea)
Tú **(No) Tengo tanta tarea como tenía mi abuelo.**

Answers will vary. Possible answers:

1. "Yo tenía que trabajar en la tienda del tío Bernardo. Trabajaba dos horas al día." (trabajo)
   Tengo tanto trabajo como tenía mi abuelo.
2. "Todos los sábados, papá me daba 20 centavos *(cents)*". (dinero)
   Mi abuelo no tenía tanto dinero como tengo yo.
3. "Me gustaba leer mucho. Sacaba un libro de la biblioteca cada semana". (libros)
   No leo tantos libros como leía mi abuelo.
4. "Mi colegio era muy bueno. Tenía exámenes todas las semanas." (exámenes)
   No tengo tantos exámenes como tenía mi abuelo.
5. "Jugaba en los equipos de fútbol norteamericano y béisbol. Me gustaban mucho los deportes." (deportes)
   Juego tantos deportes como jugaba mi abuelo.
6. "Tenía que estudiar mucho en el colegio, porque tenía nueve clases." (clases)
   No tengo tantas clases como tenía mi abuelo.

15 Usando las expresiones en Actividad 13 y de **Así se dice** en la p. 206 del libro de texto, describe a cinco personas o animales domésticos a quienes conoces bien.

MODELO Mi perro Dirk
Mi perro Dirk es muy inteligente y leal, pero es tan loco como una cabra.

1. **Answers will vary.**
2. ______
3. ______
4. ______
5. ______

16 In the **Vocabulario** on p. 205 of your textbook, you learned some words for modern conveniences. What do you suppose people did before these things existed? Describe what you think they did, using the imperfect.

MODELO No había automóviles hasta aproximadamente 1910.
La gente caminaba o montaba a caballo.

Un poco más...
la vela *candle*
el hogar *hearth, fireplace*

1. En la Edad Media, no había agua corriente en muchos lugares.
   La gente iba al pozo o al río.
2. No había luces eléctricas en el pasado.
   La gente se acostaba temprano.
3. Tampoco había calefacción en las casas.
   Llevaba mucha ropa.
4. No había cines ni televisión hasta este siglo *(century)*.
   La gente hablaba, contaba cuentos y cantaba.
5. No había aire acondicionado.
   Cuando hacía calor, la gente iba al lago o al mar.
6. No había teléfonos.
   La gente escribía cartas.

Nombre ______________________ Clase ____________ Fecha ____________

17 Haz comparaciones entre los niños en el dibujo según el modelo, y después explica tu opinión. *OJO:* Cuidado con la forma correcta del adjetivo.

MODELO Víctor/solitario/Antonio
De niño, Víctor no era tan solitario como Antonio. A Víctor le gustaba contar chistes.

Carolina
Helados
Mónica, Lupe y Tomás
Anita
¿Qué hace el pez?
José y Daniel
Carlos
Antonio
Alfredo
Víctor y Luis

Answers will vary. Possible answers:

1. Anita/bondadoso/Mónica
Anita no era tan bondadosa como Mónica. Anita siempre hacía travesuras.

2. Carlos/conversador/Luis
Carlos no era tan conversador como Luis. Carlos prefería estar sólo.

3. Antonio/aventurero/Carolina
Antonio no era tan aventurero como Carolina. A Antonio no le gustaba trepar a los árboles.

4. Mónica/consentido/José
Mónica no era tan consentida como José. Mónica compartía sus cosas con sus amigos.

5. Alfredo/solitario/Carlos
Alfredo era tan solitario como Carlos. Les gustaba jugar solos.

6. Lupe/impaciente/Tomás
Lupe era tan impaciente como Tomás. Siempre compartía todo con Mónica.

VAMOS A LEER

18 Below is a reading from an encyclopedia about the Taíno, an indigenous group who lived in Puerto Rico and other Caribbean islands before the arrival of the Europeans.

a. You will find many cognates in this reading. Can you figure out the meaning of the underlined cognates below?

1. Los taínos habitaban toda la isla. **inhabited**
2. Construían sus casas de caña y palma. **canes, palm trees**
3. Eran buenos navegantes. **navigators/sailors**

¿Quiénes eran los taínos?

En aquellos tiempos, la isla de Puerto Rico se llamaba Borinquén. Allí vivían los taínos, un grupo de gente indígena que habitaba toda la isla. Había entre 80 y 100 mil taínos en Borinquén antes de la llegada de los europeos.

piel cobriza *copper-colored skin*
pacíficos *peaceful*
pescaban *they would fish*
cazaban *they would hunt*
batatas *sweet potatoes*
yuca *yucca*
piedra *stone*
madera *wood*
conchas *shells*

¿Cómo eran los taínos? ¿Cómo era su vida?

Los taínos tenían la piel cobriza° y el pelo negro. Eran pacíficos°, bondadosos, ágiles y fuertes. Vivían en pueblos pequeños, siempre cerca del río o del mar. Sus casas o "bohíos" eran pequeñas y sencillas, hechas de caña y palma. Dormían en hamacas. Para comer, pescaban° o cazaban° aves. También sembraban maíz, batatas°, ají y yuca°. Fabricaban utensilios y armas de piedra°, de madera° y de conchas°, y hacían tela de algodón. Los taínos eran muy buenos pescadores y navegantes. Usaban canoas muy rápidas que construían de los troncos de los árboles para pescar o para ir de un lugar a otro. Algunas de esas canoas eran muy grandes, para más de cincuenta personas.

¿Qué hacían los taínos para divertirse?

A los taínos les gustaba la música. En sus fiestas y ceremonias religiosas, siempre había bailes y canciones. Tocaban tamboriles y maracas, bailaban y contaban las leyendas y las hazañas° del pueblo. A los taínos también les gustaba el juego de pelota que llamaban "batú". El batú era un poco como el vólibol y el fútbol. Los taínos jugaban batú con dos equipos. La meta° del juego era mantener° la pelota en el aire, usando cualquier parte del cuerpo excepto las manos o los pies.

hazañas *deeds*
meta *goal*
mantener *to keep*

b. Complete the sentences below based on what you learned in the reading. More than one answer may be correct.

1. Los taínos vivían **a, c**.
   a. cerca del mar b. en casas de piedra c. en Borinquén
2. Los taínos eran **a, b**.
   a. bondadosos b. fuertes c. de piel negra
3. Los taínos comían **a, c**.
   a. ají b. tabaco c. pescado
4. Los taínos usaban **a, b, c**.
   a. canoas b. hamacas c. armas
5. En sus fiestas, los taínos tocaban **b**.
   a. guitarras b. maracas c. flautas

Nombre ______________________ Clase ____________ Fecha ____________

CULTURA

19 In the **Encuentro cultural** on p. 200 of your textbook, you learned about the blend of old and new in many Spanish-speaking places. In which of the Spanish-speaking areas listed below would you expect to find a mix of old and new buildings? What history and cultures do these buildings and monuments reflect? Which places do you think have more modern buildings and fewer old ones?

MODELO El Distrito Federal, México
mixture of Aztec, colonial, and modern buildings

1. La Ciudad de Nueva York, Nueva York
some old buildings and churches from Dutch settlers; many new buildings

2. Granada, España
Muslim fortresses and palaces; Christian cathedrals; also new buildings

3. Miami, Florida
mostly new buildings; Cuban culture in Calle Ocho area

4. San Antonio, Texas
Spanish missions and houses; many new buildings

5. Cuzco, Perú
Inca walls and buildings; colonial buildings

6. Los Ángeles, California
mostly new buildings; Mexican and Central American cultures

20 a. As you read in the **Encuentro cultural** on p. 200 of your textbook, some buildings in Spain and Latin America may be several hundreds of years old. Can you list three cities in the United States in which we can find examples of some old buildings with Spanish influence?

1. **Answers will vary.**
2. ______________________
3. ______________________

b. Are there any buildings in your city or town which are very old? In English, write a short paragraph about these buildings. Is there any Spanish influence in the architecture of these buildings?

Answers will vary.

CAPÍTULO 8

Nombre ______________ Clase ______________ Fecha ______________

Diversiones

DE ANTEMANO

1 Este párrafo describe el fin de semana de los muchachos en Ponce. Completa la descripción con la forma correcta del pretérito de los verbos entre paréntesis.

Luis, Rogelio y Norma (1. pasar) **pasaron** un buen fin de semana. El viernes, los chicos (2. ir) **fueron** al cine y (3. ver) **vieron** una película buenísima. Después, (4. comer) **comieron** en casa de unos amigos. El sábado por la mañana Norma (5. tener) **tuvo** que esperar a los dos chicos en la plaza. Luis (6. levantarse) **se levantó** un poco tarde, y Rogelio no (7. llegar) **llegó** hasta las diez. Por fin (8. salir) **salieron**. (9. Montar) **Montaron** en bicicleta y (10. subir) **subieron** la montaña para ver la ciudad de Ponce. Después (11. bajar) **bajaron** al café del tío Martín para comer. Todos lo (12. pasar) **pasaron** muy bien.

2 Lee las frases abajo y decide cuál de las personas en la fotonovela diría *(would say)* cada una.

Tío Martín | Tía Lucila | Luis | Rogelio | Norma

Luis 1. "Todavía tengo que hacer las maletas y comprar unos regalos para mi familia".

Tío Martín 2. "Lucila, ¿dónde están los muchachos? No los veo".

Norma 3. "¿Cuándo van a llegar los chicos? Hace media hora que espero aquí".

Luis 4. "Es que me levanté a las nueve y media. Por eso llegué tarde".

Rogelio 5. "¿Y por qué tengo que lavar los platos yo? Hoy le toca a mi hermana lavarlos".

Norma 6. "Estoy cansada... y me duelen las piernas".

Tía Lucila 7. "Martín, ya te dije. Los muchachos salieron el viernes e hicieron una excursión el sábado".

Rogelio 8. "Creo que te va a gustar la comida en el café de mi tío".

PRIMER PASO

3 Describe cómo estuvo cada cosa en la lista de esta página. Usa las frases de **Así se dice** en la página 225 del libro de texto.

MODELO tus vacaciones de Navidad
¡Mis vacaciones estuvieron de película! Fuimos a California a visitar a mis abuelos. Lo pasé muy bien.

1. el último examen de español
   Answers will vary.
2. la última película que viste
3. tu fin de semana
4. tu último viaje
5. el partido de fútbol/básquetbol/voleibol...
6. tu clase favorita de ayer

4 Rafa and José like to contradict one another. Write José's responses to Rafa's comments. Use emphatic expressions and the cues in parentheses.

MODELO Rafa: El partido estuvo aburrido, ¿no crees? (interesante)
José: No, ¿qué dices? Estuvo interesantísimo.

1. La excursión al museo estuvo muy larga. (corta)
   No, estuvo cortísima.
2. ¡Qué caros están los boletos de cine! (barato)
   ¿Qué dices? Creo que están baratísimos.
3. Mi perro Max es muy guapo, ¿no te parece? (feo)
   Lo siento, pero tu perro es feísimo.
4. Creo que este programa de tele es muy divertido. (estúpido)
   A mí no me gusta. Me parece estupidísimo.

5. Qué difícil estuvo el examen, ¿no? (fácil)
Para mí estuvo facilísimo.

6. Hoy la clase de inglés estuvo muy mala. (buena)
No, estuvo buenísma hoy.

7. El concierto de salsa estuvo fabuloso, ¿no te parece? (malo)
¿Qué dices? El concierto estuvo malísimo.

8. La comida en ese restaurante es horrible, ¿verdad? (rica)
No, la comida allí es riquísima.

5 Completa el crucigrama con el vocabulario en la p. 226 del libro de texto.

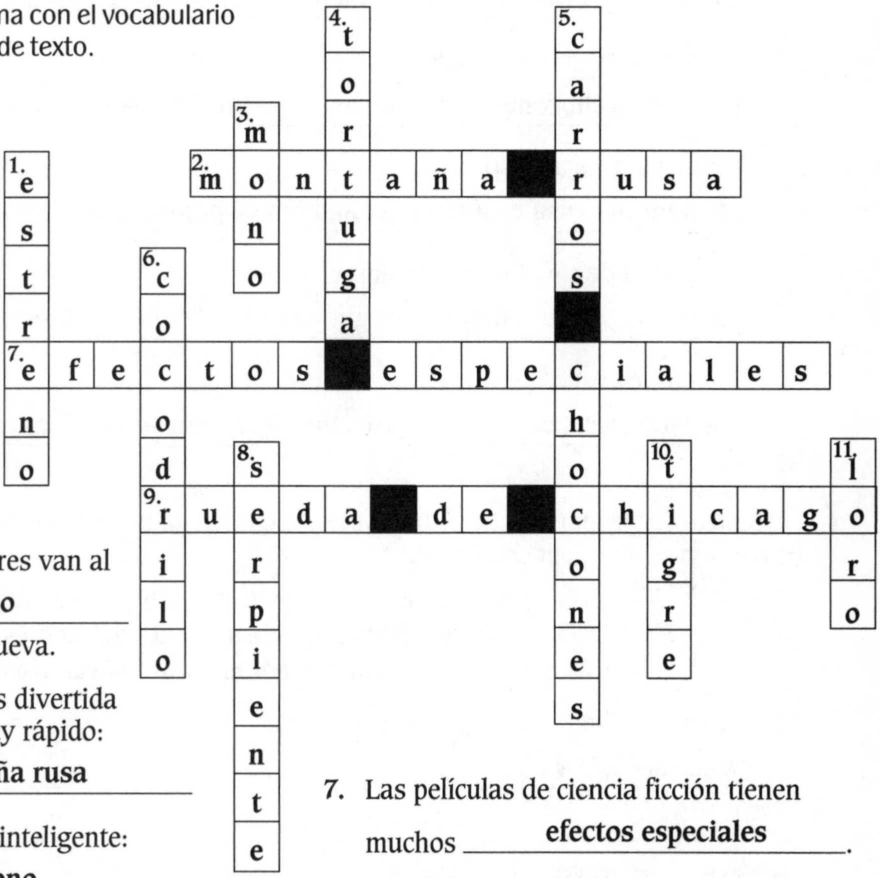

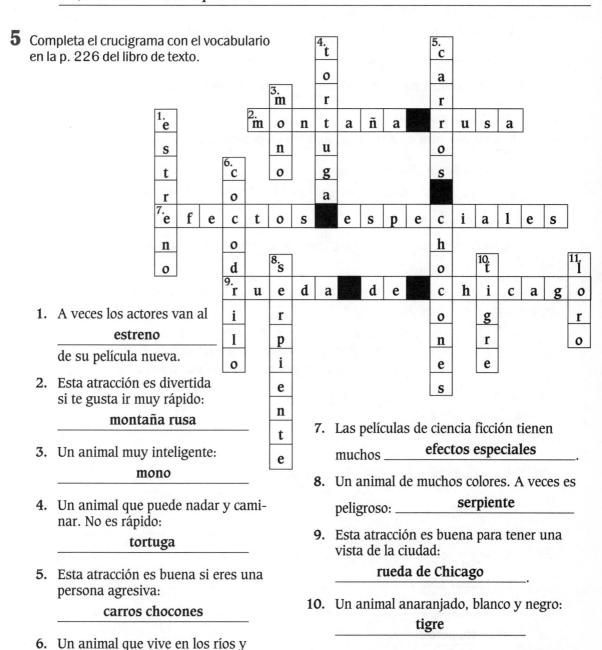

1. A veces los actores van al **estreno** de su película nueva.
2. Esta atracción es divertida si te gusta ir muy rápido: **montaña rusa**
3. Un animal muy inteligente: **mono**
4. Un animal que puede nadar y caminar. No es rápido: **tortuga**
5. Esta atracción es buena si eres una persona agresiva: **carros chocones**
6. Un animal que vive en los ríos y lagos. Tiene muchísimos dientes: **cocodrilo**
7. Las películas de ciencia ficción tienen muchos **efectos especiales**.
8. Un animal de muchos colores. A veces es peligroso: **serpiente**
9. Esta atracción es buena para tener una vista de la ciudad: **rueda de Chicago**.
10. Un animal anaranjado, blanco y negro: **tigre**
11. Un animal que puede cantar y "hablar": **loro**

6 Describe las siguientes cosas usando las formas enfáticas de los adjetivos en paréntesis. Después, incluye otro adjetivo enfático para cada cosa.

MODELO cocodrilo (feo)
El cocodrilo es feísimo. También es grandísimo.

Answers will vary.

1. elefante (grande)
   El elefante es grandísimo. También es inteligentísimo.
2. la tortuga (lenta *slow*)
   La tortuga es lentísima. También es viejísima.
3. la rueda de Chicago (aburrida)
   La rueda de Chicago es aburridísima. También es lentísima.
4. los carros chocones (ruidosos)
   Los carros chocones son ruidosísimos. También son divertidísimos.
5. la montaña rusa (alta)
   La montaña rusa es altísima. También es popularísima.
6. Mi estrella de cine favorita (guapa)
   Mi estrella de cine favorita es guapísima. También es famosísima.
7. Los efectos especiales (caros)
   Los efectos especiales son carísimos. También son interesantísimos.

7 It's time to do elections for the school yearbook. List your nominations for the categories below, and explain your choices.

MODELO El/La estudiante más inteligente del año *(year or class)*:
Creo que la estudiante más inteligente del año es Tamara. Ella siempre saca buenas notas en todas sus clases.

1. El/La estudiante más inteligente del año:
   Answers will vary.
2. El/La estudiante más cómico/a del colegio:
3. El/La mejor profesor/a:
4. La clase más interesante:

Nombre ______________________ Clase ____________ Fecha ____________

SEGUNDO PASO

8 Teresa and Juanita weren't able to do everything they'd planned this weekend. Number the pieces of the note they wrote in study hall in the correct order, then answer the questions below.

Teresa

1 — *¿Qué hiciste este fin de semana? No te vi en el partido el sábado.*

7 — *El domingo yo iba a ir al lago con Yoli, pero al final ella no pudo. Necesitaba hacer unos mandados para su mamá.*

9 — *Sí, por supuesto. Vamos después de clases.*

5 — *Después, Raquel y Sergio fueron al cine. Yo pensaba acompañarlos, pero no pude. Tenía que ayudar en casa.*

3 — *Ganó el otro equipo. Después del partido, fuimos a la pizzería a comer algo.*

Juanita

8 — *Yo iba a hacer unos mandados ayer, pero no tenía tiempo. Los voy a hacer esta tarde. ¿Me acompañas?*

6 — *¡Yo también! Quería patinar el domingo, pero fue imposible. Tuve que limpiar mi cuarto, lavar el coche, sacar al perro...*

2 — *No, quería ir a verlo, pero no pude. Vinieron mis tíos a visitarnos. ¿Quién ganó?*

4 — *Y después de comer, ¿qué hicieron Uds.?*

Preguntas

1. ¿Por qué no pudo ir al partido Juanita?
   Quería ir, pero llegaron sus tíos.
2. ¿Por qué no fue Teresa al cine?
   Tenía que ayudar en casa.
3. ¿Qué quería hacer Juanita el domingo?
   Quería patinar, pero no pudo.
4. ¿Adónde iba a ir Teresa el domingo?
   Iba a ir al lago con Yoli.
5. ¿Por qué no hizo Juanita sus mandados el domingo?
   No tenía tiempo.

9 Basado en las ilustraciones, explica por qué estas personas no podían ir a la fiesta de Irma.

MODELO  **Alicia**
Alicia tenía que practicar el piano.

Answers may vary.

1.  **David**
David necesitaba estudiar para el examen.

2.  **Tú**
Tú tenías que correr en una competencia.

3.  **Yo**
Yo tenía que cuidar a mi hermanito.

4.  **Eva y Enrique**
Eva y Enrique estaban muy cansados.

5.  **Sandra**
Sandra necesitaba arreglar su bicicleta.

6.  **Adolfo**
Adolfo tenía que ir al médico.

7.  **Martín y yo**
Martín y yo estábamos en el parque de atracciones.

8.  **Carmen**
A Carmen le dolía mucho el estómago.

10 Estás muy ocupado/a últimamente *(lately)*, y por eso no pudiste hacer muchas cosas. Ahora tus padres están enfadados contigo. Piensa en una buena explicación para las siguientes preguntas, y explícales por qué no hiciste los mandados y quehaceres de esta página.

MODELO ¿Por qué no lavaste los platos?
Iba a hacerlo, pero necesitaba terminar mi tarea.

Answers will vary.

1. ¿Por qué no llevaste el carro a la gasolinera?
   Iba a hacerlo, pero no tenía dinero.
2. ¿Por qué no terminaste tu tarea?
   Pensaba terminarla, pero no pude. Fue muy difícil.
3. ¿Por qué no sacaste al perro?
   Iba a hacerlo, pero no pude encontrar al perro.
4. ¿Por qué no acompañaste a tu hermanita al médico?
   Iba a acompañarla, pero el médico llamó para cancelar la cita.
5. ¿Por qué no pasaste por el banco?
   Fui al banco, pero estaba cerrado.

11 Each of the sentences below talks about something that was going on in the past. Complete each sentence by describing something else that was happening at the same time.

MODELO Anoche, mientras yo veía la televisión...
Anoche, mientras yo veía la televisión, mi hermano lavaba los platos.

Answers will vary. Possible answers:

1. Esta mañana, mientras iba al colegio...
   Esta mañana, mientras iba al colegio en el autobús, estudiaba para mi examen de álgebra.
2. Ayer mientras hablaba por teléfono con mi amigo...
   Ayer, mientras hablaba por teléfono con mi amigo, comía unas galletas.
3. Hoy en clase mientras hablaba el/la profesor/a...
   Hoy en clase, mientras hablaba la profesora, tomaba apuntes.

Nombre ______________________ Clase ______________ Fecha ______________

TERCER PASO

Tío Martín

Tía Lucila

12 Tío Martín is telling Tía Lucila about hearing about Norma, Rogelio, and Luis's weekend. Did he remember everything correctly? Correct his false statements. (See **De antemano**, pp. 222–224.)

1. Luis dijo que iba a regresar a Nueva York el miércoles.
   Falso. Iba a regresar el martes.
2. Rogelio dijo que fueron al cine el sábado.
   Falso. Fueron al cine el viernes.
3. Norma dijo que vieron una película buenísima.
   Cierto.
4. Rogelio dijo que comieron en casa de unos amigos el viernes.
   Falso. Norma dijo eso.
5. Luis dijo que el sábado fue el mejor día.
   Cierto.
6. Rogelio dijo que tenía mucho que hacer en casa el sábado por la mañana.
   Cierto.
7. Rogelio dijo que no hicieron nada después del café el sábado.
   Falso. Dijo que hicieron mucho más.

13 Below are some words you can use to talk about festivals. Unscramble each word, using the vocabulary on p. 235 of your textbook. One word is unscrambled for you. What is the hidden word?

1. **d i s f r a z**
   i f s d r z a
2. **d e c o r a r**
   c e r d r a o
3. **m á s c a r a**
   s a á a m r c
4. **d i s f r u t a r**
   s a r d r u i f t
5. **d i s e ñ a r**
   s d r e a ñ i
6. **d i v e r t i r s e**
   s e r t d e r i i v
7. **c a rr o z a s**
   c z s rr a a o
8. **d e s f i l e**
   f e l i e s d

14 Este fin de semana, Yolanda necesitaba ayuda para decorar la carroza del festival. ¿Qué dijeron estas personas cuando Yolanda les pidió ayuda?

MODELO yo/sí
Yo le dije que sí.

MODELO Fernando/no (estudiar)
Fernando dijo que no, porque tenía que estudiar.

1. Tú/sí
   Dijiste que sí.
2. Elena y Paloma/no (ayudar en casa)
   Elena y Paloma dijeron que no, porque tenían que ayudar en casa.
3. Norberto y yo/sí
   Norberto y yo dijimos que sí.
4. Nacho/sí
   Nacho dijo que sí.
5. Mis amigos/no (jugar al tenis)
   Mis amigos dijeron que no, porque querían jugar al tenis.
6. Teresa/sí
   Teresa dijo que sí.

15 You and some friends are at a festival. Since everyone's in costume, it's hard to tell who anyone is. Explain what your friend Jaime told you about who the different people are.

MODELO Jaime: El mono es Raquel.
Me dijo que el mono era Raquel.

1. El muchacho en la primera carroza es Pedro.
   Me dijo que el muchacho en la primera carroza era Pedro.
2. La persona disfrazada de tigre es Sara.
   Me dijo que la persona disfrazada de tigre era Sara.
3. Los chicos al final del desfile son Tomás y Nelson.
   Me dijo que los chicos al final del desfile eran Tomás y Nelson.
4. El loro es Victoria.
   Me dijo que el loro era Victoria.
5. El chico con la máscara de cocodrilo es Esteban.
   Me dijo que el chico con la máscara de cocodrilo era Esteban.
6. Las muchachas en la segunda carroza son Ángela y Chela.
   Me dijo que las muchachas en la segunda carroza eran Ángela y Chela.
7. El muchacho con la trompeta es Ricardo.
   Me dijo que el muchacho con la trompeta era Ricardo.

16 Explica qué dijeron estas personas como explicación por no ir al festival.

MODELO  **Germán**
Germán dijo que no pudo ir, porque estaba muy enfermo.

1.  Mis amigos y yo

Mis amigos y yo dijimos que no pudimos ir porque íbamos al cine.

2.  Tú

Tú dijiste que no pudiste ir porque tenías que trabajar en el café.

3.  Mis primos

Mis primos dijeron que no pudieron ir porque querían ir al concierto.

4.  Gonzalo

Gonzalo dijo que no pudo ir porque tenía que estudiar.

5.  Ana y sus amigas

Ana y sus amigas dijeron que no pudieron ir porque iban a hacer camping.

6.  Yo

Yo dije que no pude ir porque mis abuelos iban a visitar.

7.  Roberto

Roberto dijo que no pudo ir porque tenía que cuidar a su hermanito.

8.  Héctor

Héctor dijo que no pudo ir porque estaba muy cansado.

9.  Susana y Carolina

Susana y Carolina dijeron que no pudieron ir porque iban al parque de atracciones.

Nombre ______________________ Clase ______________ Fecha ______________

VAMOS A LEER

17

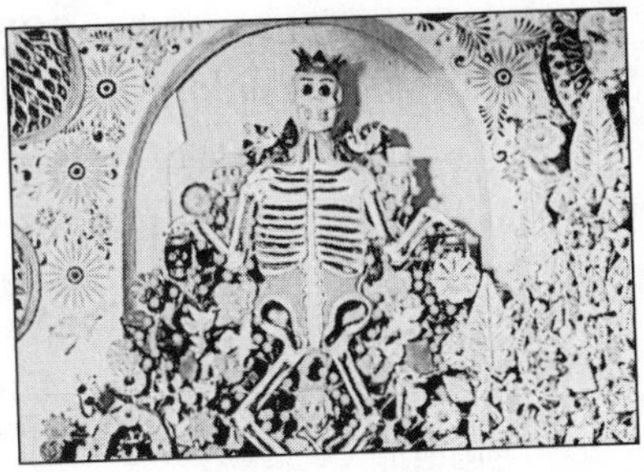

a. **El Día de los Muertos** might be new to you, but you will find a lot of words in the letter that you will recognize. Can you match each Spanish word with its English equivalent?

Querida amiga,

Te quiero explicar un poco cómo es el Día de los Muertos. El Día de los Muertos es una tradición mexicana para honrar a los muertos. Es un día de respeto pero también de celebración.

El 1° y el 2° de noviembre, los niños van de casa en casa cantando. En cada casa, la gente les da pan de muerto y fruta. Los niños disfrutan de esta comida y también la comparten con amigos. Primero, la gente decora un altar con flores, juguetes, pan de muerto, velas, figuras de esqueleto y muñecos de papel. Después, hay una procesión con toda la familia al cementerio. Mientras caminan, tocan y cantan música tradicional. Allí en el cementerio la familia y los amigos comen y a veces les dejan su comida favorita a los muertos. En las calles hay muchas procesiones de adultos y niños. Es una celebración muy colorida. Es costumbre también dar regalos en este día. El regalo típico es una calavera hecha de azúcar con el nombre de una persona muerta escrito en la frente.

Saludos,

Berta

__c__ 1. honrar
__e__ 2. respeto
__i__ 3. terror
__f__ 4. altar
__h__ 5. esqueleto

__a__ 6. ángeles
__d__ 7. procesión
__b__ 8. cementerio
__g__ 9. costumbre

a. angels
b. cemetery
c. to honor
d. procession
e. respect
f. altar
g. custom
h. skeleton
i. terror

b. After reading through the letter once, put the Day of the Dead events in order, according to what you read.

__3__ Hay procesiones al cementerio.

__1__ Los niños piden comida de casa en casa.

__5__ Las familias dejan comida para los muertos.

__6__ Hay procesiones de gente en disfraz por las calles.

__2__ La gente decora altares para honrar a los muertos.

__4__ La familia come en el cementerio.

Nombre ______________________ Clase ______________ Fecha ______________

CULTURA

18 In the **Nota cultural** on p. 228 of your textbook, you read a little about **El Yunque**. The passage below has more information about this unique place and the creatures who live there.

VEREDA
EL YUNQUE
EL YUNQUE TRAIL
BOSQUE NACIONAL
DEL CARIBE

El Yunque, also known as the Caribbean National Forest, is one of Puerto Rico's most popular attractions, and the only tropical rainforest in the U.S. National Forest System. Once inhabited by the Taíno Indians, who believed that their god *Yuquiyu* ruled from the forest's high peaks, this forest was set aside in 1876 by King Alfonso XII of Spain, and remains very much like it was 500 years ago when Columbus first sighted Puerto Rico. El Yunque is open to visitors for picnics, bird-watching, hiking, mountain climbing, camping and guided tours. The beautiful flowers and plants, exotic animals, and spectacular views in the 28,000-acre park attract about a million visitors annually. Park visitors may see the Puerto Rican parrot, once an endangered species but now making a comeback, and the **coquí**,a tiny tree frog that is Puerto Rico's unofficial mascot. Another creature found in the park is the Puerto Rican boa snake, which can grow up to seven feet long! An easy 45-minute drive from San Juan, El Yunque is a must for visitors to Puerto Rico. But bring your rain gear . . . it rains about 120 inches per year here! Luckily, showers usually pass quickly, and there are shelters along the trail.

Imagine that you visited **El Yunque**. Write a note in Spanish to a friend back home and tell him or her some things about the forest and what you saw and did there.

Answers will vary.

19 In the **Panorama cultural** on p. 233 of your textbook, three Spanish-speaking people talk about the festivals where they live. Which events, places, and dates below apply to which festival?

b, d, f, h 1. Fiesta de la Fundación de Quito

c, g 2. Fiesta de la Calle Ocho

a, e, i 3. Fiesta de la Virgen del Castillo

a. Ciudad Real, España
b. el 5 de diciembre
c. una celebración de la liberación de Cuba
d. Quito, Ecuador
e. la gente sube la montaña
f. desfiles y fiestas por las calles
g. Miami, Florida
h. la música del Ecuador
i. la gente lleva instrumentos musicales

CAPÍTULO 9

Nombre ______________ Clase ______________ Fecha ______________

¡Día de mercado!

DE ANTEMANO

1 Imagina que eres Adriana o Rafael. La policía quiere saber cómo encontraste la pieza de arte. Explícales qué hiciste hoy, poniendo las expresiones aquí en orden.

MODELO Bueno, primero Rafael y yo fuimos al parque central. Luego...

ver un artículo sobre las piezas de arte
ir al parque
buscar un regalo para la tía Carolina
encontrar la pieza del museo
entrar en una tienda
probarse una chompa
visitar el mercado de artesanías

Adriana

Rafael

Answers will vary. Possible answer: Bueno, primero Rafael y yo fuimos al parque central. Luego, en el parque yo vi un artículo sobre las piezas de arte en el periódico. Compramos el periódico, y después entramos en una tienda. Allí Rafael se probó una camiseta, pero no la compró. Luego, visitamos el mercado de artesanías. Buscamos un regalo para la tía Carolina. Me probé un sombrero en el mercado, pero no lo compré. Por fin, cuando salimos del mercado, Rafael abrió la bolsa y encontró la pieza del museo.

2 Imagina que estás en el mercado de artesanías de Cuenca. Explica para quiénes les vas a comprar unas cosas y por qué.

MODELO Para mi hermana mayor, le voy a comprar una bolsa de cuero. Ella estudia en la universidad y necesita algo para llevar todos sus libros.

Answers will vary.

PRIMER PASO

3 Aquí hay una conversación entre Fernando, un estudiante de Cuenca, y Sarah, una turista norteamericana. Lee la conversación y pon las preguntas y respuestas en el orden correcto. Vas a tener que consultar el plano de Cuenca en la página 257 del libro de texto.

a. No, pero no está muy lejos. Tienes que seguir la calle Mariscal Sucre cuatro o cinco cuadras. El museo queda al lado del río.
b. Sí, es fácil de encontrar. No te puedes perder. Si quieres, te podría acompañar.
c. Sí, cómo no. El museo queda en la calle Larga.
d. Sí, Cuenca es un lugar con mucha historia y cultura. ¿Ya viste las ruinas?
e. No, al contrario. Iba ahora a la biblioteca, ¡pero las ruinas son más interesantes!
f. Sí, creo que está abierto hoy hasta las dos. Si te gustan los museos, también te recomiendo el Museo de Arte Moderno. Es muy bonito.

1. SARAH: Perdón, ¿me puede decir dónde queda el Museo de Artes Populares?
FERNANDO: **Sí, cómo no. El museo queda en la calle Larga.**

2. SARAH: ¿Y sabes si está abierto ahora?
FERNANDO: **Sí, creo que está abierto hoy hasta las dos. Si te gustan los museos, también te recomiendo el Museo de Arte Moderno. Es muy bonito.**

3. SARAH: Ah, ¿sí? Pues, me encanta el arte moderno. ¿El museo está en el centro?
FERNANDO: **No, pero no está muy lejos. Tienes que seguir la calle Mariscal Sucre cuatro o cinco cuadras.**

4. SARAH: Veo que en Cuenca hay mucho que hacer. Va a ser una visita muy interesante.
FERNANDO: **Sí, Cuenca es un lugar con mucha historia y cultura. ¿Ya viste las ruinas?**

5. SARAH: No, iba a visitar las ruinas ahora mismo. Quedan al fondo de la calle Larga, ¿verdad?
FERNANDO: **Sí, es fácil de encontrar. No te puedes perder. Si quieres, te podría acompañar.**

6. SARAH: Sí, me gustaría mucho, pero... ¿seguro que no te molesta?
FERNANDO: **No, al contrario. Iba ahora a la biblioteca, ¡pero las ruinas son más interesantes!**

SARAH: Bueno, ¡vamos!

4 Es tu primer día en Cuenca. ¿Sabes dónde está todo? Consulta el mapa en la p. 257 de tu libro de texto e indica si las instrucciones aquí son correctas o no. Corrige las falsas.

1. La Plaza Calderón está en el centro.
   Cierto.
2. El Museo Folklórico está a dos cuadras de la Oficina de Turismo.
   Cierto.
3. Hay un banco al lado del aeropuerto.
   Falso. El banco está lejos del aeropuerto.
4. Las ruinas quedan al norte de la ciudad.
   Falso. Quedan al sur y al este.
5. En este mapa, el planetario está a la derecha del estadio.
   Cierto.
6. El Museo de Artes Populares queda 2 cuadras al oeste del Hotel Crespo.
   Falso. El museo queda 2 cuadras al este del hotel.

5 Imagina que trabajas en la Oficina de Turismo en Cuenca. ¿Qué dices a las siguientes preguntas?

MODELO Turista: ¿Cómo se va al aeropuerto?
Hay que subir por la calle Mariano Cueva y después doblar a la derecha en la calle Vega Muñoz.

Answers may vary.

1. Perdón, ¿hay un banco por aquí? Necesito cambiar unos cheques de viajero.
   Sí, hay un banco en la calle Simón Bolívar. Debe bajar por la calle Presidente Córdova y doblar a la derecha en la calle Talbot. El banco está al lado del restaurante.
2. ¿Dónde quedan las ruinas?
   Quedan en la calle Larga, al sur de aquí. Hay que bajar por la calle Mariano Cueva y después ir al este en la calle Larga.
3. ¿Cómo se va a la catedral?
   Debe bajar por la calle Presidente Córdova y doblar a la derecha en la calle Benigno Malo. La catedral está a la izquierda.
4. ¿Hay un lugar donde podemos comer cerca de aquí? Tenemos hambre.
   Sí, el Restaurante Capulíes está aquí al lado, en la esquina de Luis Cordero con Mariscal Sucre. No se puede perder.
5. ¿Cómo se va al Museo de Arte Moderno?
   Es muy fácil. Hay que seguir derecho por la calle Presidente Córdova, al oeste.

6 Es el primer día de clases para Samuel, el nuevo estudiante en tu colegio, y está perdido. Explícale dónde quedan los siguientes lugares con relación a *(in relation to)* la clase de español, usando las nuevas expresiones y el vocabulario en la p. 258 del libro de texto.

MODELO Samuel: Perdón, ¿dónde queda el gimnasio?
Tienes que bajar por este pasillo y después doblar a la izquierda. El gimnasio queda al final.

1. ¿Dónde está la cafetería?
   Answers will vary.
2. ¿Dónde queda la biblioteca?
3. ¿Me puedes decir dónde está la parada del autobús?
4. ¿Cómo voy a la oficina de la directora?
5. ¿Dónde queda el laboratorio de computadoras?
6. ¿Dónde está la oficina del consejero?

7 Este verano tu amiga Claudia va a Cuenca para estudiar. Explícales a tus otros amigos qué deben hacer para la fiesta de despedida *(goodbye party)* para Claudia.

MODELO Tomás y Elena/traer la música
Traigan la música, por favor.

1. Pablo y Teresa/decorar la casa **Decoren la casa, por favor.**
2. Norberto y Luisa/invitar a sus amigos **Inviten a sus amigos, por favor.**
3. Lupe y Marisol/sacar fotos **Saquen fotos, por favor.**
4. Jorge y Bárbara/no llegar tarde **No lleguen tarde, por favor.**
5. Irina y Ernesto/venir temprano para ayudar **Vengan temprano para ayudar, por favor.**
6. Daniel y Sergio/poner el estéreo en la sala **Pongan el estéreo en la sala, por favor.**

Nombre ______________________ Clase ____________ Fecha ____________

SEGUNDO PASO

8 Completa el crucigrama, usando las pistas de aquí y el vocabulario en la p. 263 del libro de texto.

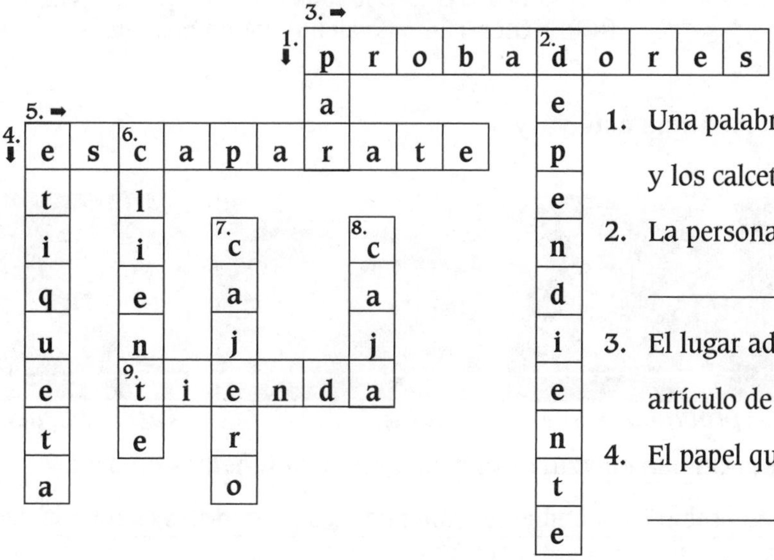

3. probadores
1. par
2. dependiente
5. escaparate
4. etiqueta
6. cliente
7. cajero
8. caja
9. tienda

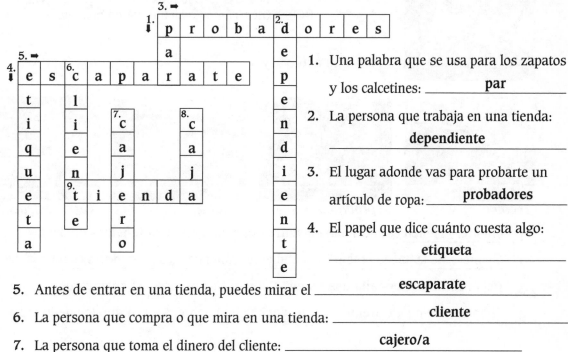

1. Una palabra que se usa para los zapatos y los calcetines: **par**
2. La persona que trabaja en una tienda: **dependiente**
3. El lugar adonde vas para probarte un artículo de ropa: **probadores**
4. El papel que dice cuánto cuesta algo: **etiqueta**
5. Antes de entrar en una tienda, puedes mirar el **escaparate**
6. La persona que compra o que mira en una tienda: **cliente**
7. La persona que toma el dinero del cliente: **cajero/a**
8. El lugar donde se pone el dinero: **caja**
9. El lugar adonde vas para comprar algo: **tienda**

9 Imagina que estás de compras en una tienda. ¿Cómo respondes a las siguientes preguntas y comentarios de la dependienta? Completa la conversación.

Answers will vary. Possible answers:

Buenas tardes. ¿Cómo le puedo servir?
Quisiera ver unos suéteres de lana, por favor.
¿De qué talla?
Llevo talla 40.
En esa talla lo tenemos en azul, blanco o rojo.
¿No tienen este suéter en negro?
No, lo siento, pero en negro no nos quedan.
¿Me puedo probar este suéter azul?
Sí, claro. Los probadores están allí, a la derecha.

10 Usa las expresiones en **Así se dice** (pág. 264 de tu libro de texto) y las sugerencias *(suggestions)* al lado de cada foto para crear cuatro conversaciones breves.

MODELO *talla*
CLIENTE Uso talla 36.
DEPENDIENTE Lo siento, ya no nos queda.

Answers may vary.

1: *color*

2: *probadores*

3: *talla*

4: *¿Me puede...?*

1. **Cliente: ¿Tienen esta camisa en azul? Dependiente: Sí, la tenemos en azul.**
2. **Cliente: ¿Me la puedo probar? Dependiente: Cómo no. Los probadores están a la derecha.**
3. **Dependiente: ¿Qué talla usa usted? Cliente: Uso número 45 en zapatos.**
4. **Cliente: ¿Me puede atender, por favor? Dependiente: Sí, ¿en qué le puedo servir?**

11 Aquí hay una encuesta *(questionnaire)* sobre la moda. Contesta las preguntas y después lee el análisis de los resultados.

saco *sport coat* **siempre que pueda** *whenever I can*
segunda mano *second-hand* **llamar la atención** *attract attention*

¿Cómo es tu moda personal?

1. Prefiero llevar ropa de
a. colores vivos
b. colores sutiles
c. blanco y negro

2. Para ir a clase, prefiero llevar
a. jeans y una camiseta
b. pantalón o falda
c. vestido o saco° con corbata

3. Me veo muy bien en
a. ropa deportiva
b. ropa conservadora
c. ropa de última moda

4. Voy de compras
a. dos veces al mes
b. una vez al mes
c. siempre que pueda°

5. Me gusta la ropa en
a. tiendas deportivas
b. el centro comercial
c. almacenes elegantes

6. Compro ropa en una tienda de segunda mano°
a. a veces
b. nunca
c. mucho

7. Para vestirme, necesito
a. 5 minutos
b. 15 minutos
c. media hora

8. Para mí, la ropa
a. debe ser cómoda
b. no debe llamar la atención°
c. debe estar de moda

Análisis

Mayoría resultados "A": Eres muy práctico(a) y activo(a), y te importa más estar cómodo(a) que llevar ropa de última moda.

Mayoría resultados "B": En cuanto a la moda, eres tradicional. No te gustan los colores chillones° ni te importa estar a la moda.

Mayoría resultados "C": Te fascina la moda y te gusta estar al tanto con ella°. Lees revistas de moda, sabes los nombres de los diseñadores° famosos, y gastas bastante en ropa.

chillones *very bright* **diseñadores** *designers*
estar al tanto con ella *to keep up with it*

12 Estás de compras con estas personas. Escribe una o dos frases sobre cada dibujo, explicándole a cada persona cómo le queda la ropa. Usa las expresiones en **Así se dice** en la p. 265 de tu libro de texto.

MODELO  **Cristóbal**
Cristóbal, te queda muy grande ese cinturón. ¿Por qué no te pruebas uno más pequeño?

Answers will vary.

1.  **Arturo**
Arturo, te quedan cortísimos esos jeans. Necesitas probarte un par de jeans más largos.

2.  **Diana**
Diana, de verdad, la blusa de lunares no hace juego con la falda de rayas. ¿Por qué no buscas una falda de color sólido?

3.  **Ramón**
Ramón, te queda muy largo ese suéter. Debes probarte un suéter más pequeño.

4.  **Raquel**
Raquel, te queda muy bien ese vestido. Te ves guapísima en ese color.

5.  **Ángel**
Ángel, te queda muy pequeño ese sombrero. Necesitas probarte uno más grande.

6.  **Gloria**
Gloria, creo que esos zapatos te quedan muy apretados. ¿Por qué no te pruebas unos de un número más grande?

7.  **Carlos**
Carlos, esa corbata de lunares no hace juego con los pantalones de cuadros.

TERCER PASO

13 In this chapter, you've learned some expressions to use while bargaining in a market. Below are some interviews with Spanish speakers about markets and bargaining in different places in the Spanish-speaking world. Read the interviews, then answer the questions.

cortauñas *nail clippers*

Mira, en Lima se regatea. Hay mercados de comida, de fruta y de verduras; también en la calle venden cosas como relojes, radios, cortauñas°. Pero en los mercados de artesanías, intenté regatear la última vez que estuve allí, y no me rebajaron los precios.

—David, Lima (Perú)

gafas de sol *sunglasses*

Regatear no es una práctica común en Puerto Rico. No hay grandes mercados como en otros lugares. En Río Piedras hay un paseo, el Paseo de Diego, donde hay muchas tiendas y también mesas en la calle donde se venden muchas cosas baratas: juguetes, cositas para el pelo, gafas de sol°, bolígrafos... pero los precios son fijos.

—Elena, Río Piedras (Puerto Rico)

gitanos *gypsies*
golosinas *candies*

Pues, en España casi cada pueblo tiene su mercado, que se llama **el mercadillo.** Hay un día fijo para eso, típicamente los miércoles y los domingos. Muchos de los vendedores son gitanos°. En el mercadillo venden de todo: comida, ropa, golosinas°, juguetes, de todo. Algunas veces se puede regatear. Mucha gente va al mercadillo para mirar, para pasear... es una cosa social.

—Sonsoles, Sahagún (España)

antigüedades *antiques*

En general, no se regatea en Uruguay. A los mercados les dicen *ferias*, y hay días especiales para ellas. Entonces, la gente va a la feria y mira dónde tienen los precios más bajos. En las ferias, se vende comida, como fruta y verduras, y flores, y hay unas ferias muy grandes. Hay una en el centro donde venden de todo: libros viejos, antigüedades°, de todo.

Emilio, Montevideo (Uruguay)

¿Cierto o falso? Corrige las frases falsas.

1. En Uruguay, no se regatea mucho.
   Cierto.
2. Los mercados en España se llaman **tianguis**.
   Falso. Los mercados en España se llaman mercadillos.
3. En el Perú se venden muchas cosas en la calle.
   Cierto.
4. En Puerto Rico hay muchos mercados donde puedes regatear.
   Falso. En Puerto Rico el regateo no es común y no hay grandes mercados.
5. En España nunca se puede regatear en los mercadillos.
   Falso. Algunas veces se puede regatear.
6. En las ferias de Uruguay, sólo se vende comida.
   Falso. También venden libros y antigüedades.

Nombre ______________________ Clase ____________ Fecha ____________

14 In Activity 13, you read about different kinds of bargaining and markets in the Spanish-speaking world. How does what you read compare to the U.S.? In Spanish, write a paragraph of six to eight sentences explaining what markets are like in the U.S., what is sold in them, and when you can bargain. Use the examples on page 104 as models.

Answers will vary. Students may mention flea markets, farmer's markets, garage sales, and bargaining when buying things like used cars or used furniture.

15 Use the vocabulary on p. 269 of your textbook to solve the word scramble puzzle below. If you solve the puzzle correctly, you will find a hidden phrase.

	Answer	Scrambled
1.	**d** e s c u e n t o	e e d n s u c t o
2.	r **e** b a j a r	e a r r j b a
3.	p o r **c** i e n t o	o p r e t n c o i
4.	d **o** s p o r u n o	d s o p r o u o n
5.	**m** e r c a d o	a c o e d m r
6.	**p** r e c i o	e p c i r o
7.	g **r** a t i s	r g i t a s
8.	g **a** n g a	a a n g g
9.	f i j o **s**	i s f o j

The hidden phrase is: **de compras**

CAPÍTULO 9 Tercer paso

Nombre ______________________ Clase ____________ Fecha ____________

16 Aquí hay unas escenas del mercado. Completa cada escena con una frase lógica, usando las expresiones en las pp. 264 y 269 del libro de texto. **Answers will vary. Possible answers:**

1.

Con permiso, ¿me puede atender, por favor?
Sí, ¿en qué le puedo servir?

2.

¿Tiene esta camisa en azul?
Sí, la tenemos en azul o negro.

3.

¿Me puede rebajar el precio?
No, lo siento, es mi última oferta.

4.

Cuesta 280 pesos.
Ay, señora, cuesta una fortuna.

17 Crea una conversación con un(a) vendedor(a) en el mercado según las indicaciones aquí.

Tú:	**El/la vendedor/a:**
Greet the vendor, and ask him or her how much the watch is. **Buenas tardes. Por favor, ¿cuánto vale el reloj?**	Says she or he will let you have it for $25.00. **Te lo regalo por $25.00.**
Say that it's very expensive. Ask him or her to lower the price for you. **Es muy caro. ¿Me puede rebajar el precio?**	Says she or he will give it to you for $20.00,but that's the final offer. **Bueno, te lo doy por $20.00, pero es mi última oferta.**
Say that you're only looking. **Pues, estoy mirando, nada más.**	Says that the watch is a bargain. **Este reloj es una ganga, ¿eh?**
Say you don't know. Say that you want to look around (mirar) a little more. Thank the vendor. **No sé. Quiero mirar un poco más. Muchas gracias.**	Says thanks and goodbye. **Gracias a ti. Adiós.**

Nombre ______________________ Clase __________ Fecha __________

VAMOS A LEER

18 a. Below is a description of the clothing worn by common people and nobility in the days of the Incan empire. Use your background knowledge about the Andes and the Incan Empire to answer the following questions.

1. What countries form part of the Andean region?

   Bolivia, Colombia, Ecuador, Perú, Chile

2. What do you think the climate is like in this area?

   Cold in the mountains, warm along the coastal lowlands.

La ropa de los Inca

La ropa de los incas era muy sencilla. Variaban mucho la calidad de la tela,° los colores y los diseños, pero no el estilo básico de la ropa.

En la sierra, se llevaba ropa de lana de alpaca° o vicuña°. En la costa, donde hacía calor, la gente llevaba ropa de algodón. Las mujeres llevaban vestidos largos, sin mangas°. Usaban cinturones y fajas°. Encima del vestido, llevaban mantas° largas con broches de oro, plata o bronce que se llamaban tupis. La ropa que usan las mujeres indígenas andinas hoy es muy similar a la ropa de las mujeres incas. Los hombres llevaban túnicas cortas, con agujeros° para la cabeza y los brazos. Las sandalias eran hechas de cuero o de las fibras de plantas.

tela *cloth*
alpaca, vicuña *animals similar to the llama*
mangas *sleeves*
fajas *scarves*
mantas *cloaks*
agujeros *holes*

Los nobles y el rey tenían ropa con diseños especiales. Por ejemplo, la túnica de un hombre de alta clase tenía diseños geométricos, de muchos colores. Los colores vivos y diseños complejos eran una señal° de alta clase social. Para las mujeres de alta clase, la ropa también era más decorativa.

señal *sign*
tocados *headdresses*
vinchas *headbands*
propio *own*

En la cultura incaica, la ropa, especialmente los tocados°, indicaba la clase social de la persona. También indicaba de dónde era. La gente llevaba vinchas°, y cada vincha era de color y diseño diferentes. También los diseños de la ropa variaban según la región. Esta práctica sigue hoy en los Andes. Por ejemplo, los sombreros y tocados que la gente indígena lleva hoy indican de dónde es cada persona. Todos los pueblos tienen su propio° estilo diferente.

b. After reading the passage, scan it to find the answers to these questions.

1. ¿Qué usaba la gente incaica para hacer su ropa y sus sandalias?

   Usaban lana de alpaca o vicuña y algodón para su ropa. Usaban cuero y plantas para hacer las sandalias.

2. ¿Cómo era la ropa de la clase alta?

   Tenía más colores vivos y más diseños. Era más decorativa.

3. ¿Qué eran las vinchas, y por qué eran importantes?

   La gente llevaban vinchas en la cabeza. Eran importantes porque indicaban de dónde era cada persona.

Nombre ______________________ Clase ____________ Fecha ____________

CULTURA

19 What would you say if given the following things to try on in a store in a Spanish-speaking country? Use the information and expressions on p. 265 of your textbook.

1. Un par de sandalias, número 40.
   Answers will vary.
2. (Para las chicas) Una falda, talla 38.
   ____
3. (Para los chicos) Una camisa, talla 40.
   ____
4. Una camiseta, talla 42.
   ____
5. Un par de botas, número 36.
   ____

20 How does shopping for food in your area compare to shopping for food in the Spanish-speaking world? Based on what you learned in the **Panorama cultural** on p. 267 in your textbook, answer the following questions.

1. What are two similarities between grocery shopping in the U.S. and in Spanish-speaking countries?
   Both places have supermarkets; both places also have fruit and vegetable markets.
2. What are some advantages and disadvantages to buying all your groceries in a large supermarket?
   Answers may vary. Students might mention that shopping at a big supermarket may be quicker; there may be a larger selection of things; big supermarkets might be open more hours. Disadvantages are that there might not be a supermarket near-by and that the food might not be as fresh or as good quality as in a specialty store or market.
3. What are some advantages and disadvantages to going to different specialty stores to buy your groceries?
   Answers will vary. Advantages are that the food in specialty stores might be of better quality, since that's all the store sells. Disadvantages are that it might not be as convenient to go to many different stores and that the specialty stores might not be open as many hours.

CAPÍTULO 10

Nombre ______ Clase ______ Fecha ______

¡Cuéntame!

DE ANTEMANO

1 ¿Entendiste bien la historia de Pacha? Completa las frases.

1. Pacha era __a__.
   a. hombre b. serpiente c. gigante
2. Un día, Pacha y sus hijos atacaron a __c__.
   a. un jaguar b. un monstruo c. una serpiente
3. Empezó la inundación porque __a__.
   a. la serpiente vomitó agua b. llovía mucho c. había un río grande muy cerca
4. Para escaparse del agua, Pacha y sus hijos fueron a __b__.
   a. un lago b. una montaña c. una selva
5. En Pichincha __b__.
   a. hacía calor b. hacía frío c. había niebla
6. Allí, Pacha y su familia __c__.
   a. pasaron sólo unos días b. se divirtieron mucho c. pasaron mucho tiempo
7. La rama del cuervo era una señal de __b__.
   a. algo peligroso b. el fin de la inundación c. otras personas en la montaña
8. Pacha y sus hijos ya no se entendían porque __a__.
   a. hablaban idiomas diferentes
   b. Pacha no quería hablar
   c. sus hijos no podían hablar

2 Busca la segunda parte de cada frase, según la fotonovela.

empezó a vomitar agua	Pacha vio el cuervo con la rama	
	todo empezó	Pacha empezó a hablar
vieron a la serpiente	subieron Pacha y su familia a la cumbre de Pichincha	

1. Pacha era un gran guerrero en el Ecuador cuando... todo empezó.
2. Pacha y sus hijos caminaban por la selva cuando... vieron a la serpiente.
3. Atacaban a la serpiente cuando... empezó a vomitar agua.
4. No dejaba de subir el agua cuando... subieron Pacha y su familia a la cumbre de Pichincha.
5. Todavía estaban en la montaña cuando... Pacha vio al cuervo con la rama.
6. Sus hijos no le entendían cuando... Pacha empezó a hablar.

Nombre ______________________ Clase ______________ Fecha ______________

PRIMER PASO

3 Varios amigos están contando qué hicieron durante las vacaciones. ¿Cómo estaba el tiempo en cada lugar?

MODELO

En Seattle...
En Seattle, hacía mal tiempo. Estaba nublado y llovía mucho.

Answers will vary. Possible answers:

1. 

En Chicago...
En Chicago, hacía mucho viento. Hacía fresco.

2. 

En Colorado...
En Colorado, hacía mucho frío y había nieve, pero hacía sol.

3. 

En Miami...
En Miami, hacía calor y sol.

4. 

En Nueva York...
En Nueva York, hacía mal tiempo. Llovía y estaba nublado.

5. 

En Boston...
En Boston, hacía mucho frío. Había una tormenta, y nevaba mucho.

6. 

En San Francisco...
En San Francisco, hacía fresco, pero no hacía mucho viento.

7. 

En San Antonio...
En San Antonio, hacía mal tiempo. Había una tormenta y llovía.

4 Acabas de volver de un viaje por México y el suroeste de los Estados Unidos. Explica qué tiempo hacía en cada lugar que visitaste, usando el mapa aquí.

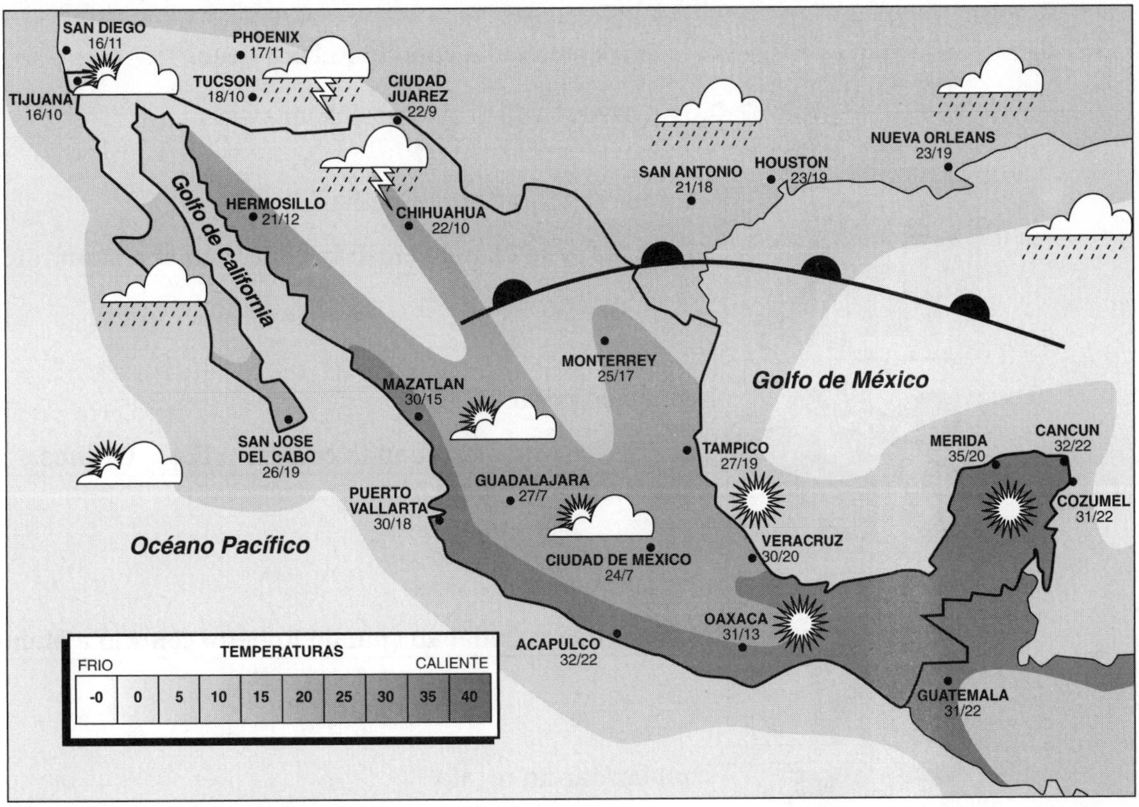
SAN DIEGO 16/11
PHOENIX 17/11
TUCSON 18/10
TIJUANA 16/10
CIUDAD JUAREZ 22/9
NUEVA ORLEANS 23/19
SAN ANTONIO 21/18
HOUSTON 23/19
Golfo de California
HERMOSILLO 21/12
CHIHUAHUA 22/10
MONTERREY 25/17
Golfo de México
MAZATLAN 30/15
SAN JOSE DEL CABO 26/19
TAMPICO 27/19
MERIDA 35/20
CANCUN 32/22
COZUMEL 31/22
GUADALAJARA 27/7
PUERTO VALLARTA 30/18
Océano Pacífico
CIUDAD DE MEXICO 24/7
VERACRUZ 30/20
OAXACA 31/13
ACAPULCO 32/22
GUATEMALA 31/22
TEMPERATURAS
FRIO
CALIENTE
-0 0 5 10 15 20 25 30 35 40

MODELO San Antonio
En San Antonio, hacía mal tiempo. Llovía bastante.
Answers will vary. Possible answers:

1. Cancún y Cozumel
En la Península de Yucatán, hacía muy buen tiempo. Estaba despejado y hacía calor.

2. San Diego
En San Diego estaba un poco nublado y hacía fresco.

3. Tucson
En Tucson hacía muy mal tiempo. Había tormentas con rayos.

4. Baja California
En Baja California, no hacía buen tiempo. Llovía.

5. Guadalajara
En Guadalajara, estaba nublado. Por la noche hacía fresco.

6. Nueva Orleans
En Nueva Orleans llovía y estaba muy húmedo.

7. Veracruz
En Veracruz hacía sol y calor.

Nombre ______________________ Clase ____________ Fecha ____________

5 Escribe una frase sobre cada uno de estos dibujos, usando los verbos en el imperfecto y el pretérito, según *(according to)* lo que ves en cada dibujo.

MODELO

nadar/llegar
Patricia nadaba cuando Rebeca llegó.

Answers will vary. Possible answers:

1.

ser las siete/entrar la familia

Eran las siete cuando entró la familia en el restaurante.

2.

cenar/empezar a llorar

Los padres cenaban cuando empezó a llorar Carlitos.

3.

bailar/conocer

Los invitados bailaban cuando Roberto conoció a Manuel.

4.

hablar/dar un regalo

Beatriz hablaba cuando Marcos le dio un regalo.

6 You've learned how to begin a story using the imperfect, and a little about talking about the past using preterite and imperfect. Use what you've learned to talk about Miguel and Lupe's date on Saturday, writing two to three sentences in Spanish for each picture below. You will continue the story later. **Answers will vary. Possible answers:**

1.

Era sábado, y hacía buen tiempo. El cielo estaba despejado. Eran las once cuando Miguel y Lupe salieron de la casa de Lupe.

2.

TIENDA CHÉVERE

Iban por el centro cuando vieron el escaparate de Tienda Chévere. Miraron los precios y hablaron de la ropa.

3.

Parque Nacional

Eran las doce cuando llegaron al parque. No había muchas personas en el parque. Mientras comían, escuchaban la radio y hablaban. Lupe tomaba un refresco mientras Miguel comía un sándwich.

SEGUNDO PASO

7 Aquí hay unas frases del cuento de hadas ***La Cenicienta*** *(Cinderella)*. Busca la segunda parte de cada frase.

h 1. La Cenicienta estaba sola y triste en casa cuando de repente...
g 2. Después, en su vestido elegantísimo...
e 3. Cuando llegó Cenicienta al castillo, en seguida...
a 4. El príncipe se presentó a Cenicienta y entonces...
i 5. De repente, a las doce en punto...
b 6. Fue cuando el príncipe...
d 7. Entonces, el príncipe enamorado...
c 8. Por fin, un día el príncipe...
f 9. Al final, el príncipe y Cenicienta...

a. la invitó a bailar con él.
b. vio uno de sus zapatos.
c. llegó a la casa de Cenicienta, y ella se probó el zapato.
d. decidió buscar a Cenicienta por toda la ciudad.
e. el príncipe la vio en la puerta.
f. se casaron y vivieron siempre felices.
g. Cenicienta salió para el baile.
h. llegó su hada madrina con una idea.
i. Cenicienta salió corriendo del castillo para volver a casa.

8 En la actividad 6, empezaste un cuento sobre la cita de Miguel y Lupe. Aquí hay otros dibujos sobre qué pasó aquel día. Continúa el cuento que empezaste, usando estos dibujos, los verbos indicados, y las expresiones en la sección **Así se dice** en la p. 295 de tu libro de texto.

Answers will vary. Possible answers:

1. 
tener problemas con la moto/no poder arrancar *(to start)*
Cuando volvían del parque, de repente Miguel y Lupe tuvieron problemas con la moto. Miguel no pudo arrancarla.

2. 
tratar de arreglar la moto/esperar el autobús
Entonces, fue cuando Lupe trató de arreglar la moto, pero no pudo tampoco. Esperaron el autobús.

3. 
perder el autobús/tener que caminar/caminar 5 millas
Después, los chicos perdieron el autobús, y tuvieron que caminar a casa. Caminaron 5 millas.

4. 
llegar a casa/sentarse en el sofá
Por fin cuando llegaron a casa, se sentaron en el sofá.

5. 
¿7:00?
hacer muchas preguntas/explicar
Al final les hizo muchas preguntas la mamá de Lupe, pero los dos le explicaron todo.

9 As you read in the **Gramática** section on p. 296 of your textbook, you use both preterite and imperfect tenses when telling a story. In Activity 8, you used the preterite to explain what happened on Miguel and Lupe's date. Now, look at the activity again, and use the imperfect to describe the conditions and moods of the characters, based on the questions below.

Answers will vary. Possible answers:

1. Cuando se rompió la moto, ¿cómo estaba Miguel? ¿Cómo estaba Lupe?
   Miguel estaba furioso y Lupe estaba preocupada.
2. ¿Cómo se sentía Miguel cuando Lupe trató de arreglar la moto?
   Se sentía frustrado y triste.
3. ¿Qué tiempo hacía?
   Hacía mucho calor. Hacía sol y no hacía viento.
4. ¿Cómo estaban los chicos mientras caminaban?
   Estaban preocupados. Tenían mucho calor.
5. ¿Cómo se sentían cuando llegaron a casa?
   Se sentían cansadísimos. No tenían ganas de hacer nada.
6. ¿Cómo estaba la mamá de Lupe, y por qué?
   Ella estaba un poco enojada porque los chicos volvieron muy tarde.

10 Completa el crucigrama usando el vocabulario en la p. 295 del libro de texto y las pistas aquí.

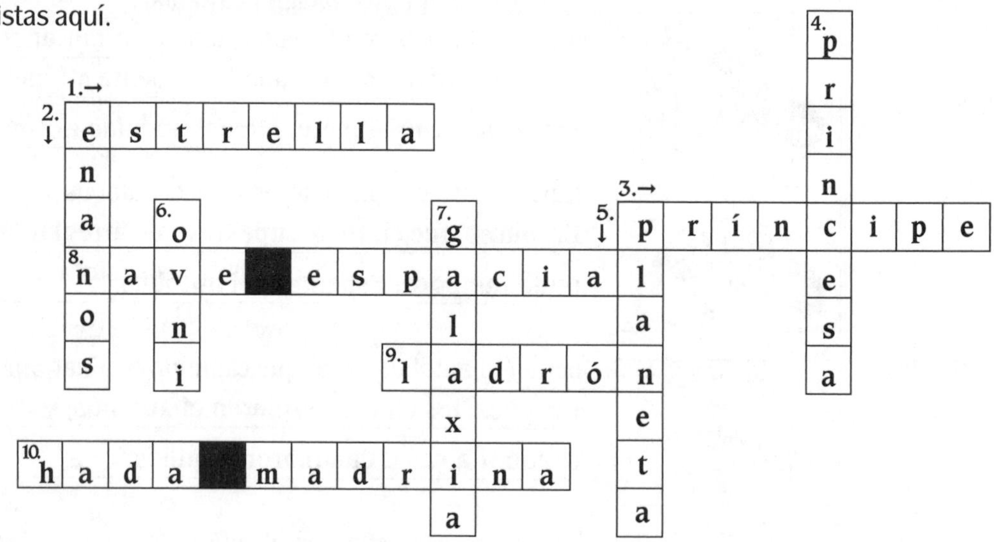
1. estrella
2. enanos
3. príncipe
4. princesa
5. planeta
6. ovni
7. galaxia
8. nave espacial
9. ladrón
10. hada madrina

1. El sol es una ______.
2. Blancanieves *(Snow White)* vivía con siete ______.
3. En La Cenicienta, el ______ se casa...
4. con la ______, y viven felizmente.
5. Nuestro ______ se llama la Tierra.
6. En las películas de ciencia-ficción, muchas veces un ______ llega de otro mundo.
7. Nuestro sistema solar forma parte de la ______ Vía Láctea *(Milky Way)*.
8. Es posible viajar a otros planetas en una ______.
9. Robin Hood era un ______ famoso.
10. En *La Cenicienta*, el ______ ayudó a Cenicienta.

11 Below is the beginning of the story that is continued in pictures on p. 296 of your textbook. Complete the story by choosing the correct preterite or imperfect tense. Before beginning this activity, read over the **Gramática** sections on pp. 290 and 296 of your textbook.

Una vez, en una galaxia muy lejana, (vivía/vivió) un enano. El enano (se llamaba/se llamó) Dwolf. Dwolf (era/fue) inteligente y simpático, pero un poco feo...(era/fue) verde y (tenía/tuvo) una nariz muy larga, casi como una trompeta. Dwolf de niño siempre (soñaba/soñó) con explorar la galaxia. Pues, un día, (decidía/decidió) hacerlo. Entonces, (iba/fue) a la casa de su mejor amigo, Bzorg, y le (explicaba/explicó) su plan. En seguida, los dos amigos enanos (empezaban/empezaron) a construir una nave espacial. Trabajaron en secreto por casi un año, y por fin (terminaban/terminaron) la nave. Entonces, una noche, (salían/salieron) de sus casas, (subían/subieron) a la nave y después....*¡WHOOSH!* (Se iban/Se fueron) volando hacia las estrellas. Viajaron por mucho tiempo hasta que, un día, (veían/vieron) un planeta azul y verde...

12 Ahora vamos a continuar el cuento de Dwolf y Bzorg. Mira los dibujos en la p. 296 del libro de texto y completa la continuación del cuento con el pretérito o imperfecto de los verbos en paréntesis.

Cuando los enanos (**1.** ver) **vieron** el planeta Tierra, (**2.** decidir) **decidieron** bajar a explorarlo. Ellos (**3.** estar) **estaban** muy cansados después de su viaje tan largo. Bueno, mientras ellos (**4.** bajar) **bajaban** lentamente hacia la superficie *(surface)* de la tierra, Carolina y Alejo (**5.** hacer) **hacían** un picnic en el parque. Los dos (**6.** estar) **estaban** muy felices, porque (**7.** hacer) **hacía** muy buen tiempo ese día. Los pájaros (**8.** cantar) **cantaban** y Carolina y Alejo (**9.** comer) **comían** y (**10.** hablar) **hablaban**. De repente, ellos (**11.** ver) **vieron** el OVNI arriba. ¡Qué susto! En seguida, los dos (**12.** gritar) **gritaron** y después (**13.** esperar) **esperaron**, paralizados de miedo. Después, se abrió la puerta de la nave espacial y (**14.** salir) **salieron** dos enanitos. Los dos enanitos (**15.** caminar) **caminaron** hacia Carolina y Alejo y les (**16.** decir) **dijeron**: <<¡Hola terrestres!>>. Entonces, los chicos (**17.** contestar) **contestaron**: <<¿Tienen Uds. hambre? ¿Quieren un poco de comida?>> y Alejo les (**18.** dar) **dio** su sándwich.

TERCER PASO

13 Aquí hay unas cartas escritas a una revista para gente joven sobre unos problemas personales. Lee las cartas, y después contesta las preguntas.

Querida Dani:
Estoy furiosa con mi mejor amiga. La semana pasada, le conté algo muy personal y ahora resulta que medio mundo sabe mi secreto. Cuando le pregunté a mi amiga por qué se lo contó a todos, me dijo que no sabía que era un secreto. Ahora siento que no debo confiar° en ella porque es una chismosa. ¿Qué puedo hacer?

—Laura

confiar *to trust*

Querida Dani:
El fin de semana pasado, llamé a mi novia para invitarla al cine. Ella me dijo que no podía ir porque tenía que limpiar su cuarto. Pues...fui al cine con unos amigos y ¡la vimos saliendo del cine con otro chico! El próximo día rompí con ella. Ahora ella dice que el chico era su primo y que no tengo por qué sentirme así. Todavía estoy furioso y no sé si quiero hacer las paces con ella o no. ¿Qué debo hacer?

—Roberto

Querida Dani:
Mi hermanita menor es una pesada. Cada vez que vienen a casa mis amigos, ella está allí. Nos escucha y se mete en todo. Nos sigue por toda la casa, nos molesta y siempre quiere jugar con nosotros. Le he pedido varias veces que nos dejara en paz°, pero ella sigue tan testaruda° y metiche como siempre. ¿Qué hago?

—Víctor

que nos dejara en paz *that she leave us alone*
testaruda *stubborn*

Querida Dani:
Estoy preocupada por algo que pasa entre unos "amigos" y yo. Resulta que uno de ellos empezó a decir mentiras° de mí a los demás, y aunque todo es puro chisme, mis otros "amigos" se lo creyeron. Ahora no me hablan y no tengo con quien comer en la cafetería. Estoy triste y deprimida y hasta he pensado en cambiar de colegio. Quiero decirles la verdad a todos, pero no sé cómo. ¿Qué me aconsejas?

—Consuelo

mentiras *lies*

¿Cierto o falso? Contesta las preguntas con base en las cartas. Corrige las falsas.

1. La amiga de Laura es una metiche. **Falso; es una chismosa.**
2. Roberto rompió con su novia. **Cierto**
3. La novia de Roberto está furiosa con él. **Falso; él está furioso con ella.**
4. Roberto no sabe si quiere hacer las paces con su novia. **Cierto**
5. La hermanita de Víctor es una chismosa. **Falso; es una metiche.**
6. Consuelo está preocupada por los chismes que cuentan de ella. **Cierto**
7. Consuelo ya no quiere hablar con sus amigos. **Falso; quiere decirles la verdad.**

Nombre ______________________ Clase ____________ Fecha ____________

14 ¿Alguna vez tuviste un problema como los de las cartas de la actividad 13? ¿Qué hiciste para solucionarlo? Escoge una de las cartas y contéstala, dando tu opinión y recomendaciones. Puedes usar las siguientes expresiones si quieres.

¿Por qué no...? Debes/Deberías... Creo que... En mi opinión... Me parece...

Answers will vary.

15 Esta mañana en la clase de álgebra, Juan Carlos y Alberto escribieron una nota. ¿Puedes poner los trozos *(pieces)* de su nota en el orden correcto y enterarte del chisme?

Juan Carlos

1 Oye, ¿has oído hablar de lo que le pasó a Gilberto?

7 ¿Y no sabes por qué ella se puso furiosa?

11 No me digas...pues, entonces, Gilberto no tuvo tan mala suerte, ¿verdad?

3 Pues, se le torció el tobillo bailando en la fiesta de Luisa el sábado.

9 ¿Con quién? Dime.

5 No, cuéntame. Ellos todavía salen, ¿verdad?

Alberto

8 No, no me dijeron. Pero sí me enteré de que Gloria ahora quiere salir con...

4 No me digas... qué mala suerte. Pues, ¿te enteraste de lo que también ocurrió durante la fiesta con Gloria y Ramón?

6 No, ya no. Gloria se puso furiosa con él y rompieron allí mismo.

2 No, nada. ¿Qué le pasó?

10 ¡Con Gilberto!

Nombre ______________ Clase ______________ Fecha ______________

16 Esta tarde vas a visitar a tu amigo Guillermo, que está enfermo en casa. Primero, haz una lista de las cosas que pasaron o que están pasando en tu colegio para contarle a Guillermo. Después, escribe un par de frases sobre cada acontecimiento *(event)*.

MODELO Profesora Suárez—bebé.
¿Sabes que la profesora Suárez tuvo un bebé? Es niño y se llama Rodrigo.

1. **Answers will vary.**
2. ______________
3. ______________
4. ______________
5. ______________

17 Ahora imagina que tú estás enfermo/a, y tus amigos te visitan para contarte las últimas noticias. ¿Qué dices a las siguientes cosas? Usa unas expresiones de **Así se dice** en la p. 300 del libro de texto.

1. La directora dijo que podíamos llevar pantalones cortos al colegio.
   ¡No lo puedo creer!
2. Mis padres me dijeron que podía comprar un coche usado.
   ¡No me digas!
3. Hay un nuevo estudiante en la clase de español. Es muy guapo.
   Y eso, ¿qué?
4. Me parece que ¿? quiere salir contigo.
   ¿Tú crees?
5. Mis padres me dijeron que podía dar una fiesta para celebrar el fin de cursos en junio.
   ¿De veras?

Nombre ____________________ Clase ____________ Fecha ____________

VAMOS A LEER

18 a. Fabiola, an anthropology student at the University of Mexico, recently came across the following Toltec legend in one of her texts. Read the legend and then for each incomplete statement that follows the selection, circle the letter of the correct completion.

La Creación del Sol

En los principios del tiempo cuando todavía no había luz, los dioses se reunieron en un lugar que se llama Teotihuacán. Se reunieron para discutir la condición del universo que estaba completamente oscuro.

—El hombre no puede vivir en la oscuridad, — dijo uno de los dioses. — Necesita luz para ver y para cultivar el maíz. Necesita calor.

—La única forma de dar luz al universo es por el sacrificio de uno de nosotros, — dijo otro. — ¿Quién se sacrifica para que haya luz y calor?

Nadie quería sacrificarse porque la muerte sería horrorosa. Tendría que echarse a la fogata* alrededor de la que estaban sentados los dioses.

Por fin, se levantó un dios viejo, callado e incapacitado*. Cojeaba* y estaba ciego de un ojo. Sufría de llagas* en todo el cuerpo. — Yo me sacrifico, — dijo, acercándose* a la fogata. —Imposible, — le dijeron los otros, —Necesitamos un dios fuerte, bello, perfecto. — Pero nadie quiso sacrificarse.

De repente el dios cojo* e incapacitado, Nanahuatzin, se lanzó a las llamas* una bola* de fuego que subió a los cielos, iluminando la oscuridad de la noche eterna. Todo se alumbró* y los dioses comprendieron que fue la creación del sol.

incapacitado *disabled*	**Cojeaba** *He limped*	**llagas** *wounds*
acercándose *drawing near*	**cojo** *crippled*	**llamas** *flames*
bola *ball*	**se alumbró** *was illuminated*	**fogata** *bonfire*

1. Según la leyenda, antes existía un mundo **b**.
   a. sin fuego b. con fuego pero sin luz c. sin oscuridad
2. El dios que se sacrificó se llamaba **a**.
   a. Nanahuatzin b. Teotihuacán c. El dios del maíz
3. Los otros dioses **b** sacrificarse para crear la luz.
   a. no temían b. tenían mucho miedo de c. no sabían que era necesario
4. El sol salió **c**.
   a. sin fuego b. con fuego pero sin luz c. sin oscuridad
5. Nanahuatzin era un dios **c**.
   a. joven pero cojo y enfermo b. viejo pero sano y fuerte c. viejo, cojo y enfermo

b. Now write a brief paragraph summarizing the Toltec legend you've just read.

Answers will vary.

Nombre ______ Clase ______ Fecha ______

CULTURA

19 In the **Panorama cultural** on p. 293 and the **Nota cultural** on p. 297 in your textbook, you learned about some legends from different parts of the Spanish-speaking world. Below are two more legends. The first is from the ***Popol Vuh,*** the sacred book of the Maya Quiché. The second is from an indigenous people who inhabited Chile. Both of these legends are *creation myths*—they attempt to explain the origin of something.

Las Emplumadas Serpientes°

Al comienzo del tiempo, cuando sólo había cielo y agua y aún no existían la luna ni el sol, la tierra ni el árbol, la estrella ni el pájaro, la bestia ni el hombre...los poderosos° del cielo, que se llamaban Emplumadas Serpientes, decidieron crear el mundo.

—¡Que las aguas se abran!—dijeron.

—¡Que la luz se haga!

—¡Que la tierra aparezca!

Entonces se separaron las aguas y asomaron° las grandes montañas, y entre las montañas los valles, y en los valles la hierba°. Corrieron los ríos y rodaron° las piedras, se abrieron cavernas, surgieron árboles que se convirtieron en bosques...

Los poderosos miraron a su alrededor: ¡todo era nuevo y resplandeciente°!

emplumadas serpientes *feathered serpents (the image of one of the maya quiché gods)*
poderosos *powerful ones* **asomaron** *arose*
hierba *grass* **rodaron** *rolled*
resplandeciente *shining*

La creación del mundo

En la tierra no había nada. Un espíritu poderoso vivía en el aire y convirtió a los de menos poder en montañas y volcanes y estrellas.

El Poderoso transformó a uno de sus hijos en hombre. Cuando el hijo se cayó a la tierra, la madre sintió pena° y para mirar a su hijo, abrió una pequeña ventana en el cielo por donde asoma° su cara pálida°. En la noche, la madre abría la ventana y mostraba su cara blanca: ella era la Luna. En el día, el Poderoso miraba a su hijo por el ventantillo redondo°: él era el Sol.

sintió pena *felt bad* **cara pálida** *pale face*
asoma *peeks out* **redondo** *round*

1. What is the first legend about? What do the **Emplumadas Serpientes** create?

   It's about the creation of the earth; they make water, light, trees, mountains, valleys, etc.

2. What is the second legend about? What does the **Poderoso** create?

   It's also about the creation of the earth. The Poderoso makes man and sends him down to earth.

3. In the second legend, what is the relationship between the **Poderoso** and his wife and the sun and moon?

   By day, the Poderoso is the sun and shines in the sky; by night, his wife is the moon.

Nombre ______________ Clase ______________ Fecha ______________

Nuestro medio ambiente

DE ANTEMANO

1 En su diario, Takashi explica qué pasó el día en que filmó su video. Completa su descripción con la forma correcta de los verbos en el pretérito o el imperfecto y usando la fotonovela en las pp. 318–319 del libro de texto.

Bueno, para empezar, yo (1. decidir) **decidí** hacer un video de mis vacaciones en San Diego. Mientras yo filmaba, Ignacio y yo (2. hablar) **hablábamos** en su cocina. Ignacio me (3. explicar) **explicaba** qué hacía su familia para proteger el medio ambiente, cuando, de repente, Diana (4. entrar) **entró** en la cocina y puso *[put]* algo en la espalda de Ignacio... Más tarde, yo (5. ir) **fui** al zoo para hacer más entrevistas. (6. Hacer) **Hacía** muy buen tiempo y el zoológico (7. ser) **era** muy bonito. Allí yo (8. hablar) **hablé** con Gabi y María. Mientras ellas (9. contestar) **contestaban** mis preguntas, las jirafas (10. comer) **comían** el almuerzo. Pero después de la entrevista, (11. pasar) **pasó** algo raro. Las chicas me (12. preguntar) **preguntaron** qué cosa tenía yo en la espalda.

2 What do the different characters in the **fotonovela** say about environmental problems and solutions? Match each activity or statement to the correct character(s).

María   Ignacio   Gabriela   Margarita y Roberto   Takashi

1. Hace un video sobre problemas ecológicos **Takashi**
2. Recicla vidrio, aluminio y otras cosas **Ignacio**
3. Cree que la contaminación del aire es el peor problema **Gabriela**
4. Tienen un club de ecología **Margarita y Roberto**
5. Va al colegio en bicicleta **Ignacio**
6. Dice que hay que proteger el medio ambiente **María**
7. Le preocupa el desperdicio del petróleo **Ignacio**
8. Dice que la destrucción de las selvas tropicales es el peor problema **María**

Nombre ______________________ Clase ______________ Fecha ______________

PRIMER PASO

3 Usa el vocabulario en la p. 321 de tu libro de texto para descifrar *(unscramble)* las palabras en este rompecabezas. ¿Puedes encontrar la palabra escondida *(hidden)*?

	Answer	Scrambled letters
1.	m a r	a m r
2.	d e s t r u c c i ó n	e i t n d c ó s c r u
3.	d e s p e r d i c i a r	e d d i e r i p c r a s
4.	t i r a r	t r r i a
5.	s m o g	o m g s
6.	a i r e	e r a i
7.	q u í m i c o s	í u s i o m q c
8.	b a s u r a	s a a b r u
9.	t i e rr a	e a t rr i
10.	s e l v a s	v l a s s e
11.	c a p a d e o z o n o	c p a a e d z o o o n
12.	p l á s t i c o s	o p s t i l c á s
13.	p e t r ó l e o	ó o l r p t e e

The hidden phrase is: **medio ambiente**

4 One solution for the trash problem is recycling. This flier describes a new feature of the recycling program in Austin, Texas. Read the flier, then answer the questions.

a. What does the recycling program now accept? Check all that apply.

__x__ magazines ____ old books __x__ mail-order catalogs

b. According to the flier, what should you not put out for recycling?

____ newspapers __x__ plastic bags __x__ telephone books

__x__ rubber bands ____ paper grocery bags __x__ wrapping paper

c. What does the flier tell recyclers to do with magazines?

Put the sack on the curb by the recycling bin.

NUEVA INFORMACION SOBRE EL PROGRAMA DE RECICLAJE

Ahora Procesamos Las Revistas

Recoja revistas limpias y secas, y catálogos de compras que hayan sido impresos en papel brillante.

- Puede dejar las grapas y goma de encuadernación
- No ponga directorios telefónicos, sobres o papel de envolver
- No ponga bolsas plásticas, bandas de hule, cuerdas u otros artículos que no sean de papel

Como Procesar las Revistas

- Acumule las revistas con sus periódicos en una bolsa de papel café de los supermercados.
- Ponga las bolsa en el bordillo de la acera, junto a la cubeta de reciclaje

Para mayor información llame al Servicio de Desperdicios Sólidos al

499-2111

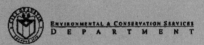

ENVIRONMENTAL & CONSERVATION SERVICES DEPARTMENT

5 Un periodista quiere hacerte una entrevista sobre los problemas ambientales en tu área. Contesta sus preguntas por escrito, usando las expresiones en **Así se dice** en la p. 322 de tu libro de texto.

1. ¿Por qué estás preocupado/a?
   Answers will vary.
   ____
   ____

2. ¿Funciona el sistema de transporte público en tu área?
   ____
   ____

3. ¿Hay demasiados carros en tu ciudad?
   ____
   ____

4. En tu opinión, ¿cuál es el problema más grave de tu ciudad?
   ____
   ____

5. ¿Qué es lo malo de los problemas del medio ambiente?
   ____
   ____

6. En tu opinión, ¿qué podemos hacer para mejorar la situación?
   ____
   ____

6 Contesta estas preguntas de forma negativa. Usa las palabras en la **Nota gramatical** en la p. 322 de tu libro de texto. Recuerda que cuando **ninguno** viene antes de un nombre *(noun)*, se escribe **ningún** (masculino) o **ninguna** (femenino).

MODELO ¿Podemos hacer algo para encontrar una solución?
No, no podemos hacer nada para encontrar una solución.

1. ¿Alguien toma el bus en tu ciudad?
   No, nadie toma el bus./No toma el bus nadie.
2. ¿Hay algún programa de reciclaje de periódicos?
   No, no hay ningún programa de reciclaje de periódicos.
3. ¿Hay algún programa de reciclaje de plástico también?
   No, no hay ningún programa de reciclaje de plástico tampoco.
4. ¿Siempre vas al colegio en bicicleta?
   No, nunca voy al colegio en bicicleta./No, no voy al colegio en bicicleta nunca.
5. ¿Hay alguna solución al problema de la contaminación?
   No, no hay ninguna solución al problema.
6. ¿Hay algo bueno en la situación del medio ambiente?
   No, no hay nada bueno en la situación.

7 Completa el crucigrama usando las pistas y el vocabulario nuevo en la p. 323 de tu libro de texto.

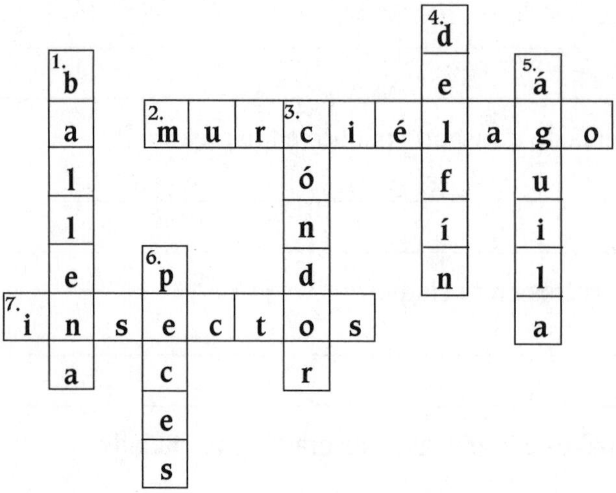
1. ballena
2. murciélago
3. cóndor
4. delfín
5. águila
6. peces
7. insectos

1. Moby Dick era una: ______
2. Un animal que está muy activo por la noche: ______
3. Un tipo de ave muy grande: ______
4. Un mamífero *(Mammal)* acuático muy inteligente: ______
5. El símbolo nacional de los Estados Unidos: ______
6. Viven en el mar, los ríos y los lagos: ______
7. Tienen seis patas *(legs)* y los hay de todos los colores: ______

Nombre ____________ Clase ____________ Fecha ____________

SEGUNDO PASO

8 How much do you know about endangered species? Choose the best answer to the questions about the animals from pp. 326–327 of your textbook. Check your answers.

1. El cóndor vive en __c__.
   a. la selva tropical
   b. Europa
   c. la región andina de América Latina
2. Muchos murciélagos comen __b__.
   a. peces
   b. insectos
   c. perros y gatos
3. El mamífero más grande del planeta es __b__.
   a. el elefante
   b. la ballena azul
   c. el hipopótamo
4. Los delfines están en peligro debido a la pesca de __a__.
   a. atún
   b. manatíes
   c. tortugas
5. El águila calva está __a__.
   a. regresando a sus hábitats
   b. en la zona tropical
   c. la región andina
6. Los animales más numerosos del mundo son __b__.
   a. las aves
   b. los insectos
   c. los mamíferos

9 Match each sentence below about people's opinions on environmental issues with its logical consequence.

__e__ 1. A Elena le fascina trabajar con los animales exóticos.

__d__ 2. A Miguel le preocupa el problema de la contaminación del aire.

__b__ 3. Mario y su familia están preocupados por la cantidad de basura.

__a__ 4. Tomás cree que el problema más grave es la destrucción de las selvas tropicales.

__f__ 5. Carlota está preocupada por los delfines y las ballenas.

__c__ 6. Para Roberto, lo malo es la contaminación del mar.

a. Por eso, formó un club para proteger las selvas.
b. Por consiguiente, reciclan latas, periódicos y vidrio.
c. Por consiguiente, participa en un programa de limpieza de las playas.
d. Por lo tanto, va al colegio en bicicleta.
e. Por eso trabaja como voluntaria en el zoológico.
f. Por lo tanto, organizó una protesta en contra de las industrias pesqueras *(fishing)*.

10 Escribe una consecuencia lógica para cada situación. Usa las expresiones en **Así se dice** en la p. 328 de tu libro de texto.

MODELO En mi región, las playas están muy contaminadas. Por eso...
Por eso, a veces no podemos nadar, porque las playas están cerradas.

Answers will vary. Possible answers:

1. La familia Méndez recibe dos periódicos y varias revistas en casa. Por lo tanto...
Por lo tanto, ellos siempre tienen mucho papel para reciclar.
2. Casi todos los estudiantes de Johnson High van al colegio en coche. Por eso...
Por eso, hay un problema de contaminación del aire.
3. Yolanda toma duchas muy largas. Por consiguiente...
Por consiguiente, ella desperdicia mucha agua.
4. Juan Carlos siempre estudia con el televisor y el estéreo encendidos. Por lo tanto...
Por lo tanto, él desperdicia mucha energía.
5. En unas áreas, no hay programas de reciclaje. Por eso...
Por eso, la gente tira latas y papel a la basura.
6. A veces la gente tira basura directamente a la calle. Por consiguiente...
Por consiguiente, la ciudad está sucia y contaminada.

11 ¿Estás de acuerdo con las siguientes opiniones? Indica tu punto de vista sobre cada una.

Answers will vary.	**Estoy de acuerdo**	**No estoy de acuerdo**
1. Cada ciudad debe tener un sistema de transporte público.		
2. No se deben usar insecticidas en la agricultura.		
3. Nosotros no podemos hacer nada para ayudar a solucionar estos problemas.		
4. Debería ser ilegal talar *(to cut down)* un árbol.		
5. El reciclaje debe ser obligatorio.		
6. Creo que la gente exagera los problemas del medio ambiente.		
7. Creo que las industrias *(industries)* y las fábricas son la causa de los problemas.		

12 Ahora, explica tu punto de vista sobre cada una de las opiniones en la Actividad 11 usando las expresiones en **Así se dice** en la p. 329 de tu libro de texto.

MODELO Debe ser ilegal talar un árbol.
No estoy de acuerdo. Creo que necesitamos los bosques y los árboles. Pero debemos ser más responsables. Debemos plantar muchos árboles, pero tenemos que talar los árboles a veces.

1. **Answers will vary.**

2. ______________________

3. ______________________

4. ______________________

5. ______________________

6. ______________________

7. ______________________

TERCER PASO

13 You are president of your school's environmental club this year. Explain what people should do for the environment, by combining the expressions in the **Así se dice** box on p. 332 of your textbook with the actions below.

MODELO reciclar latas
Hay que reciclar latas.

Answers will vary. Possible answers:

1. reciclar periódicos
   Deberíamos/Hay que/Es necesario reciclar periódicos.
2. no tirar botellas
   No deberíamos tirar botellas/Es importante no tirar botellas.
3. proteger las especies en peligro
   Hay que/Es necesario/Es importante proteger las especies en peligro.
4. no desperdiciar los recursos naturales
   No deberíamos desperdiciar.../Es importante no desperdiciar los recursos naturales.

14 ¿Puedes pensar en una solución posible a estos problemas? Usa las expresiones en **Así se dice** en la p. 332 de tu libro de texto.

MODELO En mi ciudad, no tenemos reciclaje.
Deberías tratar de empezar un programa de reciclaje en tu barrio.

Answers will vary. Possible answers:

1. Muchos animales están en peligro de extinción.
   Hay que proteger las especies en peligro.
2. Nuestras facturas *(bills)* de luz son muy altas.
   Es importante conservar energía.
3. Hay mucha basura en las calles y los parques.
   A todos nos toca hacer algo. Deberías limpiar la ciudad.
4. Hay una escasez *(shortage)* de agua muy grave en mi región.
   Es necesario conservar agua. Deberías tomar duchas muy cortas.
5. El aire está tan contaminado que a veces es peligroso salir.
   Es necesario usar los coches menos y caminar o ir en metro más.

15 ¿Cuánto te interesa el medio ambiente? Da una respuesta para cada categoría abajo. ¿Puedes pensar en más de una respuesta posible?

MODELO Algo bueno para el medio ambiente:
el reciclaje, el transporte público

Answers will vary. Possible answers:

1. Algo bueno para el medio ambiente: **las bicicletas, los árboles**
2. Algo malo para el medio ambiente: **las insecticidas, el tráfico**
3. Un grupo que hace mucho por el medio ambiente: **Sierra Club, Greenpeace**
4. Alguien que debería hacer más por el medio ambiente: **el Presidente, todos nosotros**
5. Algo que haces para proteger el medio ambiente: **voy al colegio a pie, no como carne**
6. Algo que tu mejor amigo/a también hace: **reciclamos todas las semanas**

16 The questionnaire below shows how our basic, everyday activities affect the environment. Take it and find out how environmentally conscious you are. How did you score?

	A siempre	B a veces	C nunca
1. Apago las luces cuando salgo del cuarto.			
2. Trato de andar en bicicleta o en bus.			
3. Tomo duchas cortas.			
4. Evito los productos empacados.			
5. Mientras estudio, siempre escucho música o veo televisión.			
6. Uso aérosoles.			
7. Me afeito con una maquinilla eléctrica.			
8. Me seco el pelo con una secadora eléctrica.			

Preguntas 1-4

***Mayoría respuestas "A"**: Felicidades—eres un experto. ¿Por qué no formas un club del medio ambiente?

***Mayoría respuestas "B"**: Bien, pero deberías hacer más. Hay que recordar que a todos nos toca hacer algo por el medio ambiente.

***Mayoría respuestas "C"**: ¡Uf! Eres un desastre ambiental. Recuerda que si realmente quieres resolver los problemas, es necesario cambiar tu estilo de vida un poco.

Preguntas 5-8

***Mayoría respuestas "A"**: ¡Qué horror! Recuerda que hay que proteger la tierra y conservar energía.

***Mayoría respuestas "B"**: Vas por el buen camino, pero deberías tratar de ser más responsable.

***Mayoría respuestas "C"**: Muy bien...¡Sacas "A" en esta clase!

17 ¿Cómo ves el futuro de nuestro planeta? Haz unas predicciones sobre lo que puede pasar si pasan las siguientes cosas.

MODELO Si no reciclamos...
Si no reciclamos, no vamos a tener lugar para toda la basura.

1. Si no usamos menos productos empacados...
   Answers will vary.
   ____
2. Si no mantenemos limpia la ciudad...
   ____
   ____
3. Si no protegemos las especies...
   ____
   ____
4. Si no conservamos energía...
   ____
   ____

18 **Nosotros** commands are very common and the environmental brochure below has a lot of examples of them. Can you find and underline all the examples of **nosotros** commands in this reading? (Hint: There are 12.)

Flora y fauna

Cuidemos los animales y zonas verdes. Recordemos que los bosques nos dan el aire que respiramos. ¡Apoyemos la reforestación y adoptemos un árbol!

Reciclaje y basura

No tiremos basura en zonas verdes ni parques. Saquemos las bolsas de basura sólo en días de recolección. Clasifiquemos la basura: En una bolsa pongamos vidrio y en otra, latas.

Agua

No tiremos basura o productos químicos. Cuidemos nuestros lagos y ríos. Hagamos buen uso del agua y ¡no la desperdiciemos!

VAMOS A LEER

19 In this conversation, three Mexico City teenagers talk to an interviewer about air pollution and other problems. Read what they say, then answer the questions. Does your city or region have any of these problems too?

aguas negras *sewage*	**calcomanías** *stickers*
se hierve *one boils*	**estampa** *stamp, sticker*
matar *to kill*	**entran** *they go to work*
gérmenes *germs*	

ENTREVISTADOR: ¿Qué problemas tiene la capital en cuanto al medio ambiente?
MARIBEL: Para mí, es el tráfico. Creo que es uno de los peores problemas que tenemos.
ILSE: Ay, sí. Parece que cada vez hay más carros y más ruido.
ROCÍO: Pues, yo creo que la contaminación del agua es lo peor. Mucha gente vive cerca de las aguas negras° y se enferma.
ILSE: Es verdad, Rocío. Fíjate que en nuestro barrio, se hierve° el agua quince minutos antes de tomarlo para matar° los gérmenes°.
ROCÍO: Y la basura es un problema muy grave también. No se olviden de que mucha gente tiene la costumbre de tirarla en cualquier parte.
MARIBEL: Sin duda la basura es un problema, pero hablemos de la contaminación del aire. Es necesario reducir mucho el tránsito. Como todos sabemos, hay leyes para eso, como las calcomanías° de distintos colores.
ENTREVISTADOR: ¿Qué es eso?
MARIBEL: A cada carro se le pega una estampa° de cierto color que corresponde a un día de la semana. Ese es el día que no se puede usar el carro. Pero mucha gente no observa las reglas estrictamente.
ROCÍO: Otra cosa que se hace para reducir el tránsito es cambiar el horario del trabajo y de las escuelas. Por ejemplo, los trabajadores entran° a las ocho, y los estudiantes más tarde, como a las diez.
ILSE: Estoy de acuerdo, pero creo que el gobierno no puede resolver los problemas sólo. Nos toca a nosotros también.
ROCÍO: Eso es. A cada uno nos afecta el medio ambiente y deberíamos ser todos más responsables.

a. Pon una *X* al lado de los problemas que mencionan Ilse, Rocío y Maribel en esta conversación.

X toxic waste dumps
X traffic jams
X poor subway systems
X noise pollution
X polluted water
___ graffiti
X trash
X air pollution

b. What does the government do to reduce traffic in the capital? Explain the two measures taken by the government, in English.

They have changed work and school schedules so that workers and students enter/leave at different times of the day. They have come up with a system to reduce traffic by putting different-colored stickers on each license plate. Each day of the week corresponds to a different color. You can't drive on the day that goes with the color of the sticker on your car.

Nombre ______________________ Clase ______________ Fecha ______________

CULTURA

20 In the **Nota cultural** on p. 323 of your textbook, you read about the destruction of the tropical rain forests in South America. Even though the Amazon rain forest is far away, you are directly affected by its destruction in ways you might not even realize. For example, you might know already that this region is the "lung of the world," but do you know how many products come from the plants of the rain forest? Read the paragraph in Spanish below the **Nota cultural**, and take a look around you. Do you find anything you think might be a rain forest product? List these things here:

Answers should include books, cars, gum, chocolate, matches, paint, and medicine.

CAPÍTULO 11 Cultura

21 In the **Panorama cultural** on p. 325 of your textbook, you read about what different teenagers do to protect the environment. How do their activities compare to yours? Imagine that you are writing to Ana María, Gala or Wendy. In a paragraph, explain five or six things you do (or don't do) at home and at school for the environment. Do you have anything in common with these students?

siempre **también** **tampoco** **nunca**

Querida ______________________,

Para proteger el medio ambiente, yo... **Answers will vary.**

Nombre ______________________ Clase ______________ Fecha ______________

Veranos pasados, veranos por venir

DE ANTEMANO

1 Cuando Takashi volvió a clases en otoño, tuvo que escribir una composición para su clase de español sobre su viaje a San Diego. Completa su descripción de lo que pasó. Usa la forma correcta del verbo en pretérito o imperfecto.

Este verano, yo (ir) **fui** *a San Diego para visitar a mi amigo Ignacio. Ignacio (ser)* **era** *uno de mis mejores amigos en San Antonio y por eso yo estaba muy triste cuando él y su familia (mudarse)* **se mudaron** *a San Diego. En total, pasé un mes en San Diego con él y juntos (hacer)* **hicimos** *muchas cosas.*

Como (hacer) **hacía** *sol y calor, fuimos a la playa muchas veces. ¡(Nadar—yo)* **Nadé** *en el océano Pacífico por primera vez! Y (tomar—yo)* **tomé** *unas clases de tabla de vela. El Pacífico (ser)* **era** *muy bonito pero el agua...¡BRRR! Estaba mucho más fría que el agua del Golfo de México.*

También exploramos la ciudad. San Diego es muy interesante, especialmente el zoológico. El zoológico (ser) **era** *enorme y muy famoso. (Haber)* **Había** *animales de todas partes del mundo. También (visitar—yo)* **visité** *la Universidad de California en San Diego. Allí vi la biblioteca y el teatro y (conocer—yo)* **conocí** *a unos profesores y a unos estudiantes. Y (decidir—yo)* **decidí** *que me gustaría asistir a esa universidad después de graduarme.*

La última noche antes de regresar a San Antonio, yo (salir) **salí** *con una chica muy simpática que conocí en la universidad. Fuimos a cenar y después, (caminar)* **caminamos** *por la playa. Era una noche lindísima. (Hacer)* **Hacía** *fresco y había muchas estrellas...mientras nosotros (caminar),* **caminábamos** *, (hablar)* **hablábamos** *de muchas cosas...*

PRIMER PASO

2 As soon as Takashi's friend Luz got his letter, she sat down at her computer to write him back with all the news from San Antonio. But her program crashed and now the contents of her letter are all scrambled up! Can you put Luz's letter back in order using the expressions in the box below? Some of the text has already been restored to its original order.

no lo vas a creer, pero por fin encontré un trabajo. Gracias por tu carta
ya sabías que Jaime sale con Teresa Te echamos mucho de menos
Con cariño Querido Takashi dale un saludo a tu amigo Ignacio de mi parte

Querido Takashi,

Gracias por tu carta. Aquí estamos todos bien. Pasaron muchas cosas desde que te fuiste. Por ejemplo... **no lo vas a creer, pero por fin encontré un trabajo**. Voy a ser dependiente en una tienda en La Villita, y empiezo este jueves. ¡Estoy muy feliz! Y otra cosa...¿**ya sabías que Jaime sale con Teresa**? Parece que ella rompió con su novio, y Jaime la invitó a salir. **Te echamos mucho de menos**. Vuelves la semana próxima, ¿verdad? Pues, **dale un saludo a tu amigo Ignacio de mi parte** ________. Tal vez él te puede visitar en San Antonio el próximo verano y así podemos conocerlo. Me tengo que ir.

Con cariño,

Luz

3 ¿Qué te gustaría hacer este verano? Indica cuáles de estas actividades prefieres hacer, y cuáles no. **Answers will vary.**

	Me gustaría	No me gustaría
quedarme en casa		
aprender un deporte nuevo, como la tabla de vela		
trabajar en un campamento de niños		
encontrar un empleo en mi pueblo		
visitar a mis parientes		
viajar a un país extranjero		
tomar un curso de verano		
hacer camping y quedarme en un albergue juvenil		

Nombre ______________________ Clase ____________ Fecha ____________

4 Ayer recibiste una carta de tu amigo Pedro, que antes vivía en tu pueblo. Lee la carta y escribe una respuesta para Pedro, contestando todas sus preguntas. Usa las expresiones en las secciones de **Vocabulario** y **Así se dice** en la p. 351 del libro de texto.

Te echo mucho de menos. Me gusta este pueblo y la gente parece buena onda, pero todavía no conozco a muchas personas. Cuéntame qué pasa allí. ¿Sigues pensando en trabajar este verano o tienes otros planes? ¿Vas a ir de vacaciones? ¿Qué noticias tienes de todo el mundo? ¿Sabes si hay nuevos chismes? ¿Quién sale con quién? Por favor, escríbeme pronto y cuéntame cómo está todo allí.

Un abrazo de

Ricardo

Answers will vary.

____

____

____

____

____

5 Tu amiga Laura acaba de volver de viaje. Te llama por teléfono y te pregunta sobre las últimas noticias. Escribe la conversación entre tú y Laura y cuéntale el chisme según estas indicaciones. Usa las expresiones de la sección **Así se dice** en la p. 351 del libro de texto. **Answers will vary. (See possible answer on next page.)**

Tú	Laura
Greet Laura and ask how she is.	She says fine. She asks if you're still working at the mall.
Say yes. Ask her if she knew that Martín has a job also.	She says no. She asks if Martín broke up with Silvia.
Say she's never going to believe it, but Martín is now going out with Eva.	She says No way! Then she asks what's happening with Tomás, Eva's ex-boyfriend.
Say that you don't know, but that he's coming to your party on Saturday. Ask Laura if she can come too.	Says yes, thanks. She asks if Eva will be there too.
Say you don't know. Explain that you have to go to work now, and end the conversation.	Say goodbye.

Answers will vary. Possible answers: Tú: Hola, Laura. ¿Cómo estás? ¿Qué tal el viaje? Laura: Bien, gracias. ¿Y cómo estás tú? ¿Sigues trabajando en el centro comercial? Tú: Sí. ¿Sabías que Martín también tiene un trabajo? Laura: No, no lo sabía. Oye, ¿Martín rompió con Silvia? Tú: Sí. Y no lo vas a creer, pero Martín ahora sale con Eva. Laura: ¡No me digas! ¿Y qué noticias tienes de Tomás, el ex-novio de Eva? Tú: No sé nada, pero él va a venir a mi fiesta el sábado. Puedes venir, ¿verdad? Laura: Sí, y gracias por invitarme. ¿Sabes si Eva viene también? Tú: No, no lo sé. Lo siento, pero tengo que ir al trabajo ahora. Nos vemos el sábado, entonces. Laura: Hasta luego.

6 Aquí hay una lista de las actividades de Takashi y sus amigos. Primero, indica cuándo pasó cada acontecimiento *(event)* usando las expresiones aquí. Después, ponlas en orden cronológico. (Es necesario leer **Un verano en San Diego** antes de hacer este ejercicio.)

el año pasado **hoy** **hace 3 semanas** **esta noche**
el viernes pasado **al día siguiente** **dos días después**

4 Takashi fue al zoológico. **al día siguiente**

2 Takashi llegó a San Diego. **hace 3 semanas**

7 Alguien llegó a la casa de Ignacio para ver a Takashi. **esta noche**

6 Takashi conoció a una chica muy simpática. **hoy**

3 Takashi e Ignacio fueron al Parque de Mission Bay. **el viernes pasado**

1 Ignacio se mudó a San Diego. **el año pasado**

5 Takashi visitó la Universidad de California en San Diego. **dos días después**

Nombre ______________________ Clase ______________ Fecha ______________

SEGUNDO PASO

7 A veces, es difícil ser buen amigo. Toma la siguiente prueba *(test)* y después, lee la evaluación de tus resultados. **Answers will vary.**

_____ **1.** Tu amiga está preocupada por su nota en la clase de álgebra. Tú sacas "A" en esa clase.
a. Le dejas copiar tu tarea.
b. Estudias con ella y le explicas la materia.

_____ **2.** Tu amigo está enamorado de tu prima. Tu prima te cae muy mal.
a. Le cuentas todas las cosas estúpidas que hace tu prima, y le enseñas las fotos de ella cuando era bebé.
b. Das una fiesta y los invitas a los dos.

_____ **3.** Tu amiga acaba de romper con su novio.
a. Le dices que su ex-novio ahora está saliendo con otra chica.
b. La invitas a ir al cine para ver una película cómica.

_____ **4.** Estás de compras y tu amigo se prueba una camisa feísima. Él te pide tu opinión.
a. Mientes y dices que se ve muy guapo.
b. Le dices que crees que debería probarse otras camisas antes de comprar ésta.

_____ **5.** El novio/a de tu amiga/o te invita a salir.
a. Aceptas la invitación.
b. Le dices que no, y buscas el mejor momento para hablar de esto con tu amigo/a.

_____ **6.** Tu amiga está pasando por un mal rato últimamente. Se ve deprimida y triste.
a. Hablas con todos sus compañeros y les preguntas qué le pasa.
b. Invitas a tu amiga y le preguntas si puedes ayudarle en algo.

Evaluación

Mayoría de respuestas **"a"**: Se ve que tienes todas las buenas intenciones del mundo....pero piénsalo un poco más. Te vas a dar cuenta de que tal vez no seas el mejor amigo. Recuerda que una parte fundamental de la amistad es la verdad. Sé directo con tus amigos. Por ejemplo, en vez de dejarles copiar tu tarea, ayúdales con la materia. En vez de chismear con todo el mundo, pregúntale a tu amigo directamente si ves que tiene un problema. Y recuerda también que hay que tener un poco de delicadeza...di la verdad, pero con tacto.

Mayoría de respuestas **"b"**: Te felicitamos...Tus amigos tienen mucha suerte porque tienen en ti un verdadero amigo. Sabes balancear entre ser honesto con tus amigos y tener tacto. Actúas siempre de forma sincera y considerada.

8 ¿Cómo es tu mejor amigo/a? Aquí hay unas preguntas sobre él/ella para ayudarte a organizar tus ideas. Primero, haz unos apuntes *(notes)* para contestar cada pregunta, y después escribe un párrafo de 8-10 frases con base en las preguntas y tus respuestas.

1. ¿Cómo se llama? ¿Dónde vive?
2. ¿Cómo es él/ella? (físicamente)
3. ¿Cómo es su personalidad?
4. ¿Qué cosas le gustan y no le gustan?
5. ¿Qué hacen Uds. juntos?
6. ¿Por qué es tu mejor amigo/a?

Answers will vary.

9 Rolando and Ángela are discussing the different people they saw and met at a party last night, and it turns out that they don't always have the same opinions. Write what they say about each person, following the indications in parentheses and using the expressions from **Así se dice** and other expressions on p. 356 of your textbook. **Answers will vary.**

MODELO Rolando: Creo que ese chico Tomás es un tipazo. *(Angela está de acuerdo.)*
Angela: Sí, a mí también me cayó bien. (Sí, es muy buena gente.)

1. Ángela: Me cae mal el primo de Teresa. *(Rolando está de acuerdo.)*
   Rolando: **Sí, a mí también me cae gordo.**
2. Rolando: Me llevo muy bien con Elena. Es muy amable. *(Ángela no está de acuerdo.)*
   Ángela: **Bueno, a mí me cae fatal. Creo que es antipática.**
3. Ángela: Martín es un gran tipo, ¿no crees? *(Rolando no está de acuerdo.)*
   Rolando: **¡Qué va! Me cae fatal. Creo que es un maleducado.**
4. Rolando: Los papás de Teresa son muy buena gente. *(Ángela está de acuerdo.)*
   Ángela: **Sí, son muy amables. Me llevo muy bien con ellos.**
5. Ángela: Ese muchacho David es un pesado, ¿no te parece? *(Rolando no está de acuerdo.)*
   Rolando: **No; a mí me cayó muy bien. Es muy gracioso.**
6. Rolando: Carmiña me cae super-bien. *(Ángela está de acuerdo.)*
   Ángela: **Sí, es muy buena onda.**

10 Todos tenemos nuestros puntos buenos y malos. Escribe cómo te parecen las personas de la lista abajo, y después explica cómo es esa persona. Trata de mencionar dos características para cada persona. **Answers will vary. Possible answers:**

MODELO El nuevo estudiante
Me cae fatal el nuevo estudiante. Creo que es maleducado y egoísta.

1. tu mejor amigo/a **Me llevo muy bien con mi mejor amigo. Es gracioso y sincero.**
2. tu profesor/a favorito/a **Me cae bien la profesora de álgebra. Es inteligente y buena onda.**
3. tu hermano/a mayor (menor) **Mi hermano menor y yo nos llevamos mal. Es terco.**
4. tu papá o tu mamá **Mi papá es gracioso.**
5. tus compañeros de la clase de español **Mis compañeros de esta clase son unos tipazos. Son muy listos y trabajadores.**
6. tu abuelo/a **Me llevo bien con mi abuela. Ella es cariñosa y generosa, pero a veces es un poco terca.**

11 Last summer, each of the people below traveled to a different part of the Spanish-speaking world. Can you guess where each person went, based on what he or she says about the place and using what you know about Spanish-speaking countries?

g 1. Quedé impresionadísima con esa ciudad. ¡Me pareció increíble la Alhambra!

d 2. Lo pasé muy bien. Fuimos a un festival en la Calle Ocho, y comimos en muchos restaurantes cubanos.

f 3. Hace mucho calor, pero las playas son fabulosas. Me gustó mucho Viejo San Juan. Un día hicimos una excursión a El Yunque.

i 4. Es una ciudad enorme y está rodeada por montañas. Vimos muchos museos y visitamos unas ruinas aztecas.

a 5. El clima es muy húmedo y hace mucho calor en el verano, pero hay cosas interesantes que hacer. Vimos las misiones y fuimos de compras en La Villita. Y comimos en un restaurante mexicano.

h 6. Quedé impresionado con los Andes. Son tan gigantescos. Visité unas ruinas del imperio incaico *(Incan Empire)*. Compré una chompa de lana de alpaca en el mercado.

e 7. Está muy cerca de México, y el clima es muy lindo. Fuimos a la playa y visitamos el zoológico, que es maravilloso.

c 8. Es la ciudad más hermosa del mundo. La catedral, la Giralda, el Parque de María Luisa... y los andaluces son unos tipos muy amables y graciosos.

a. San Antonio, Texas
b. Madrid, España
c. Sevilla, España
d. Miami, Florida
e. San Diego, California
f. Puerto Rico
g. Granada, España
h. Quito, Ecuador
i. el Distrito Federal, México

TERCER PASO

12 **¡A presentarte!** Vas a pasar el verano con una familia anfitriona *(a host family)* en Uruguay. Escríbele una carta en la cual te describes a ti e incluye las preguntas que quieres hacerle a esta familia.

Answers will vary.

13 Migdalia and her friends love to go on vacation. Look at the cues below and write where Migdalia and her friends went or plan to go on vacation.

MODELO Elena/el verano pasado/ir a las montañas.
Elena fue a las montañas el verano pasado.

1. Carlos y Alberto/el año que viene/ ir a la playa
   Carlos y Alberto van a la playa el año que viene.
2. Martín y yo/pronto/salir de viaje a México
   Martín y yo pensamos salir de viaje a México pronto.
3. Elena y tú/cuando ella/volver a casa/ir al centro comercial
   Cuando ella vuelva a casa, Elena y tú piensan ir al centro comercial.
4. Ramón/cuando encontrar un empleo/ir a San Francisco
   Cuando encuentre un empleo, Ramón piensa ir a San Francisco.
5. yo/el mes pasado/ir a España
   El mes pasado, yo fui a España.
6. tú/algún día/ir a Ecuador
   Algún día, tú piensas ir a Ecuador.
7. Elena, Ramón y Lucy/el año pasado/ir a Cuenca
   Elena, Ramón y Lucy fueron a Cuenca el año pasado.

14 **Buscando lo que necesitas.** Lee la lista que sigue y subraya las cosas que crees que serán difíciles de encontrar. **Answers will vary.**

¡A LLEVAR!

- cheques de viajero
- ropa cómoda
- una secadora de pelo
- una mochila
- un diccionario bilingüe
- una cámara
- un pasaporte

¡A DEJAR EN CASA!

- tus animales domésticos
- maletas demasiado grandes
- mucho dinero en efectivo *(cash)*
- ¡el miedo a lo diferente!

15 **Unas vacaciones "verdes".** Ya pronto serán las vacaciones, y como te preocupa el medio ambiente, quieres hacer turismo ecológico. Lee la siguiente información que tu agente de viajes te mandó y llena la tabla con datos importantes para luego comparar las tres giras *(tours)*. **Answers will vary.**

ECUADOR

Expediciones Amazonias es una aventura para el que quiera conocer los misterios del bosque tropical, dormir en la selva y explorar la Amazona en lancha o a pie. No se pierda esta oportunidad para aprender sobre el ecosistema de la selva y observar de cerca las diferentes especies de pájaros y plantas.

4 días/3 noches por sólo $450

ARGENTINA

Escala Aconcagua, la montaña más alta de las Américas. Camina por Patagonia y la Tierra del Fuego. Mira las focas *(seals)* y ballenas de la Península Valdés. Admira los glaciares argentinos. ¡Nuestro paseo a pie y en tren por Argentina te fascinará y te hará volver!

25 días, $3500

MEXICO

Cielo, un campamento organizado por Víctor Emanuel Nature Tours para jóvenes de quince a dieciocho años, es un paraíso para los observadores de pájaros. No sólo se estudian las diferentes especies de pájaros, sino que se aprende sobre la geografía, la conservación y la ecología del nordeste de México. Llama para más información al 1-800-328-VENT.

9 días, $1250

destino	actividad	días	precio

CAPÍTULO 12 Tercer paso

16 Complete the following sentences by following the cues provided.

MODELO para fines del verano/Marisol y yo/ir a la Florida
Para fines del verano, Marisol y yo vamos a la Florida.

1. cuando llegar mi prima/ir a tomar una clase de natación
   Cuando llegue mi prima, vamos a tomar una clase de natación.

2. mañana/ir a contarles todo a mis hermanos
   Mañana voy a contarles todo a mis hermanos.

3. después de terminar las clases/ir de viaje inmediatamente
   Después de terminar las clases, voy de viaje inmediatamente.

4. cuando tener dinero/Mario/tomar una clase de buceo
   Cuando tenga dinero, Mario va a tomar una clase de buceo.

5. cuando volver a casa/Marta/ir al parque
   Cuando vuelva a casa, Marta va a ir al parque.

6. pronto/Clara y yo/ir a salir para Tijuana
   Pronto, Clara y yo vamos a salir para Tijuana.

7. la semana que viene/tú/pensar ir a Nueva York
   La semana que viene, tú piensas ir a Nueva York.

Nombre ______________________ Clase ______________ Fecha ______________

VAMOS A LEER

17 Lo que les gusta hacer a los jóvenes parece ser un tema muy popular. Lee este artículo de una revista latinoamericana sobre los jóvenes en Ecuador. Después completa el resumen (summary) según la información en el artículo.

en la actualidad *at present* **comportamiento** *behavior* **gama** *whole series*

LOS JOVENES ECUATORIANOS

Los principales "pasatiempos"

La televisión es el recurso de distracción más frecuente entre los jóvenes de ambos sexos. Su consumo es más importante en la adolescencia. Las mujeres miran más televisión que los varones. En 1984, uno de cada dos jóvenes miraban televisión entre una y tres horas diarias. En la actualidad*, el tiempo dedicado a esta distracción debe ser mayor.

Escuchar la radio es otra actividad importante para los jóvenes. Un 70% la oye diariamente. Sin embargo, ésta es una de las actividades más susceptibles de ser combinada con otras, como conversar, estudiar, trabajar, etc. y con la aparición de los "walkman" se puede pasear o hacer deporte.

Pasear, encontrarse con amigos en las calles, en las esquinas, en los centros comerciales, es otra actividad a la cual el 36% de la juventud dedica más de una hora diaria. Esta práctica es importante para ambos sexos, pero es más frecuente entre los varones.

El ejercicio deportivo es otro comportamiento* masivo de los jóvenes ecuatorianos, particularmente en la adolescencia, período en el cual una de cada cuatro personas lo practica más de una hora diaria. En el grupo adulto se reduce el tiempo dedicado a esta actividad y son los varones más que las mujeres quienes hacen deportes.

La lectura es una actividad de muy poco interés para la juventud. Sólo un 14% dedica más de una hora diaria a esta actividad y ella incluye toda una gama* de publicaciones que van desde "Sandokan" y "Vanidades," hasta El Quijote y Tom Wolfe. No hay diferencias entre hombres y mujeres.

Ahora completa el siguiente resumen. Usa los elementos de la lista, las veces que sean necesarias, para llenar los espacios en blanco.

- 25% escuchar la radio
- 70% salir con amigos
- hacer deportes 36%
- 14% leer
- mirar televisión 50%

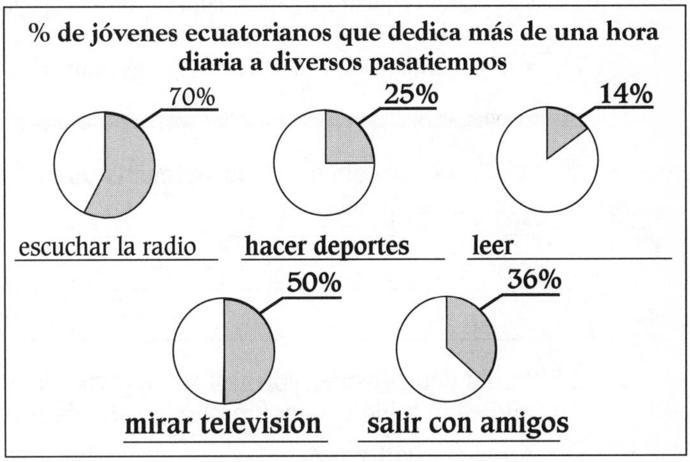

% de jóvenes ecuatorianos que dedica más de una hora diaria a diversos pasatiempos
70%
25%
14%
escuchar la radio
hacer deportes
leer
50%
36%
mirar televisión
salir con amigos

LOS JOVENES ECUATORIANOS

Un porcentaje más grande (70%) dedica su tiempo a **escuchar la radio.**

Pero esta distracción puede ser combinada con otras y por eso no es la principal. El pasatiempo principal de los jóvenes ecuatorianos es **mirar televisión.**

Más mujeres que varones **miran televisión.**

Más varones que mujeres **hacen deportes./salen con amigos.**

La misma cantidad de hombres y mujeres **leen.**

CULTURA

18 Read the article below and answer the questions which follow.

de esta manera *in this way*	**el cálculo** *calculus*
no tiene opción *don't have a choice*	**la especialización** *career or degree in a university*
requisito *prerequisite*	**reprueba** *fails (from reprobar)*
	la medida *measure*

EL SISTEMA EDUCATIVO DE LAS ESCUELAS PREPARATORIAS EN LA CIUDAD DE MÉXICO

por Jacqueline Melanie Pike

Cuando un estudiante se inscribe en una escuela preparatoria, hay tres años escolares antes de entrar a la universidad. La escuela preparatoria se llama así porque sirve para que el estudiante aprenda a estudiar. Así, de esta manera°, el estudiante sale "preparado" para la universidad.

Cuando el estudiante se inscribe, no tiene opción° de qué clases tomar. Para poder graduarse de la escuela preparatoria tiene que tomar ciertas clases, como requisito°, para graduarse en tres años: clases de literatura universal, literatura mexicana y literatura española; clases de civismo, historia y geografía; tres años de gramática española; ciencias y matemáticas. Estos cursos están basados en los requisitos que piden las universidades de México. Uno de los requisitos, por ejemplo, es que los estudiantes deben tomar cálculo° antes de poder entrar a la universidad, no importa cual sea su área de especialización°.

Los estudiantes tienen que hacer muchas tareas todas las tardes para aprobar los exámenes para que les vaya bien en la escuela. Casi siempre tienen que estudiar y hacer tareas tres o cuatro horas diarias para sacar buenas notas. Por lo general, los alumnos están contentos y salen bien. Pero si el alumno reprueba° una clase, tiene que repetir el año escolar completamente. Es decir, si el alumno sale mal en una materia, entonces no puede aprobar el año escolar. Esta medida° es muy eficiente porque los alumnos salen bien preparados para la universidad.

1. How do your homework assignments differ from those in an **escuela preparatoria**?
   Answers will vary.

2. Would you consider yourself more prepared, or less prepared, for the university if you studied in a high school in Mexico? Explain why.
   Answers will vary.

3. Imagine you are in charge of curriculum development for all high schools in your state. What type of high school program would you create? Would you use any ideas from the Mexican system? Describe your ideas for your high schools.
   Answers will vary.

Nombre ______________________ Clase ______________ Fecha ______________

EN MI CUADERNO

Imagine you are writing to a new pen-pal in Málaga, Spain. Introduce and describe yourself. Include the following items in your description: where you are from; your nationality; and your likes and dislikes. Then describe your best friend to your pen-pal.

EN MI CUADERNO

Your pen-pal is coming to visit and meet you for the first time. Write your pen-pal a letter asking how he or she feels about meeting you and seeing a new place. Ask what he or she has already done to get ready and what still needs to be done. Offer your pen-pal help. Then acquaint your pen-pal with your city or town by describing the climate and surroundings. Include suggestions as to what kind of clothing he or she should bring.

Nombre ______________________ Clase ____________ Fecha ____________

EN MI CUADERNO

Have you ever had one of those days where nothing seems to go right? Describe your daily routine as it should be and then describe how your daily routine changed when you were having a bad day. Describe what your responsibilities were and whether or not you did them and/or complained. Add which hobbies and pastimes you would have preferred to do.

Nombre ______________________ Clase ______________ Fecha ______________

EN MI CUADERNO

You have just received a letter from your pen-pal informing you that he or she is not doing well in school. Write a letter to your pen-pal in which you give him or her advice on how he or she can improve. Give your pen-pal an example by describing someone you know who does very well in school or has improved tremendously this school year. Make comparisons between yourself and this student you are describing.

EN MI CUADERNO

Write a conversation between yourself and your friend about how to stay healthy and fit. Tell your friend to do—and not to do—several things every day to stay fit. Your friend explains why he or she can't follow several of your suggestions, and you try to convince him or her that it's important to change some habits.

Nombre ______________________ Clase ____________ Fecha ____________

EN MI CUADERNO

Write to your pen-pal about your weekend trip to San Antonio. Using the information presented about San Antonio in the chapter, describe how you asked for information and how you traveled around the city. Also, tell him or her the order in which you did specific activities. Describe how much you enjoyed dinner at one of the restaurants downtown, including what you ordered, how the service was, and whether or not you left a tip.

Nombre ____________________ Clase ____________ Fecha ____________

EN MI CUADERNO

Imagine that you are 60 years old and your grandchild has asked you to describe how things were when you were taking Spanish Level 2. Describe to your grandchild what you used to do, what you liked and disliked, and what your classmates and school were like. Use some comparisons to describe your teacher, best friend, and one or two classmates.

Nombre ______________________ Clase ______________ Fecha ______________

EN MI CUADERNO

Write to your pen-pal and describe your trip to the amusement park last weekend. Then tell him or her why you were not able to meet your best friend and go to the premiere of the new action movie.

Nombre ______________________ Clase ______________ Fecha ______________

EN MI CUADERNO

Next Saturday is the school's first dance of the year, and you bought a new outfit. Write to your pen-pal and tell him or her what store you went to, what kind of outfit(s) you tried on, if the store clerk was helpful and whether he or she offered an opinion on how the outfit(s) you chose looked. Then tell your pen-pal whether the item(s) were on sale or if you bargained with the clerk.

Nombre ______________________ Clase ______________ Fecha ______________

EN MI CUADERNO

Write a short story based on one of the following genres: science fiction, adventure, romance or a fairy tale. Begin your story by writing the ending. Then write the beginning of the story and set the scene. With these 2 parts finished, write the continuation of the story. Finally, put all parts in the appropriate order and see if the story makes sense.

Nombre ______________________ Clase ____________ Fecha ____________

EN MI CUADERNO

Write to your pen-pal and describe what you consider to be the most critical environmental problem in your city or town. Tell your pen-pal the consequences if nothing is done and include some possible solutions that can be implemented to help. Ask your pen-pal whether he or she agrees or disagrees with your suggestions.

EN MI CUADERNO

It is almost the end of the school year! Write to your pen-pal describing what you will be doing during the school vacation. If you are taking a trip, describe where you will be going, including what types of activities you will be doing and how you feel about the people there (if you have been there before). If you are going to work, describe where you will work, what your job responsibilities will be and how you feel about the people at the job.